웹 기반 일본어 리터러시

웹 기반

일본어
리터러시

천호재

역락

저자 서언

본서는 중급 및 고급 일본어 학습자의 언어 4기능 능력 향상을 기하기 위해 만들어진 교재입니다. 기존의 교재는 특정한 기능의 향상만을 염두에 두고 집필된 경우가 많습니다만, 본 교재는 듣기, 말하기, 읽기, 쓰기의 종합적 기능 향상을 염두에 두고 만들어졌다는 점에 그 의의가 있습니다. 본 교재에서는 이하의 12편의 문학작품을 채택하였습니다.

Episode 1   泣いているお猫さん(1933年)   村山壽子 作・きくドラ 脚色

Episode 2   星の王子さま(1943年)   サンテグジュペリ 作・きくドラ 脚色

Episode 3   幸福な王子(1888年)   オスカーワイルド 作・きくドラ 脚色

Episode 4   茄子畑(1953年)   片山廣子 作・きくドラ 脚色

Episode 5   心と手(1917年)   O・ヘンリ 作・きくドラ 脚色

Episode 6   アラカルトの春(1904年)   O・ヘンリ 作・きくドラ 脚色

Episode 7   百合の花(1906年)   小川未明 作・きくドラ 脚色

Episode 8   桜の園(1903年)   チェーホフ 作・きくドラ 脚色

Episode 9   うた時計(1942年)   新美南吉 作・きくドラ 脚色

Episode 10   それから(1909年)   夏目漱石 作・きくドラ 脚色

Episode 11   夏の夜の夢(1937年)   岡本かの子 作・きくドラ 脚色

Episode 12   愛の賛歌(1949年)   水谷まさる 作・きくドラ 脚色

이들 12편의 작품은 きくドラ | ~ラジオドラマで聴く名作文学에서 제공하는 일본 성우들의 음성을 필자가 직접 녹취한 것입니다. 12편은 원문을 10~15분으로 각색한 것입니다. 본서의 출간에 앞서 저작권 문제로 きくドラ | ~ラジオドラマ에게 문의한 결과, 대표이사이신 긴파라 다카후미金原隆史 씨로부터 흔쾌히 교재로 사용해도 좋다는 승낙을 받았습니다. 다시 한번 지면을 빌려 긴파라 다카후미金原隆史 씨에게 심심한 감사의 말씀을 전하는 바입니다. 본서를 학습하는 독자들은 きくドラ 사이트kikudorabungak.main.jp에서 제공하는 mp3파일을 다운로드하거나 유튜브를 통해서 언제 어디서든 시간과 장소에 구애되지 않고 12편의 작품을 청취할 수 있습니다.

본 교재는 독학으로도 충분히 학습이 가능하지만 수업에서 조별 활동을 통해서도 충분히 활용될 수 있도록 했습니다. 본 교재에서는 아래와 같은 흐름으로 학습이 진행되도록 했습니다.

▣ 아는 단어(혹은 모르는 단어)를 체크하면서 이하의 문장을 들어봅시다.
▣ 문장을 읽고 번역을 합시다.
▣ 아래의 일본어 질문에 일본어로 대답합시다.
▣ 아래의 일본어 문장의 내용이 본문 내용과 일치하면 O를, 일치하지 않으면 X를 기입 하세요.
▣일본어로 대화합시다.
▣인터넷에서 泣いているお猫さん에 관련한 자료를 검색해 봅시다.

먼저 "아는 단어(혹은 모르는 단어)를 체크하면서 이하의 문장을 들어봅시다." 코너는 학습자들의 듣기 기능의 향상을 도모하기 위해서 설정된 것입니다. 이 코너는 뜻을 완전히 되새기는 일이 없이 단순히 아는 단어나 모르는 단어를 들으면서 체크하는 방식으로 활용하면 됩니다. 그 전에 교수자는 본문의 줄거리를 짤막하게 한국어로 설명을 해 줄 필요성이 있습니다. 학습자들의 원문 독해 활동을 원활하게 하기 위해서입니다.

둘째, "문장을 읽고 번역을 합시다." 코너는 원문을 여러 조각으로 분할하여 학습자들이 조별로 읽고 번역 활동을 할 수 있도록 하기 위해서 마련한 것입니다. 조별로 읽고 번역하기 전에 각자 맡은 부분에 나오는 단어와 표현의 의미, 그리고 문법 구조를 먼저 다른 학습자들에게 설명을 한 뒤, 각자 맡은 부분을 읽고 번역을 하는 방향으로 이 코너를 진행하는 것이 바람직할 것입니다.

셋째, "아래의 일본어 질문에 일본어로 대답합시다." 코너는 학습자들의 원문에 대한 이해의 정도를 알아보기 위해 설정한 것입니다. 학습자들에게 본문과 관련된 일본어 질문을 하고, 학습자들이 그 질문에 일본어로 대답하도록 하기 위한 코너입니다. 교수자는 질문에 대답을 말하는 방식으로 수업을 진행해도 무방하며, 혹은 쓰는 방식으로 수업을 운용해도 무방합니다. 대답에 중점을 두면 이 코너는 말하기용으로, 쓰는 데에 중점을 두면 이 코너는 쓰기 연습용으로 기능을 할 것입니다.

넷째, "아래의 일본어 문장의 내용이 본문 내용과 일치하면 O를, 일치하지 않으면 X를 기입하세요." 코너는 학습자들의 일본어 독해 능력, 그중에서도 원문 이해의 정확성을 신장시키기 위해서 마련된 것입니다. 정답은 모두 본문에 나오기 때문에 교수자는 학습자들에게 답을 바로 가르쳐 주지 말고 학습자들 스스로 원문을 통해 자신의 답을 확인하도록 하는 것이 중요합니다.

다섯째, "일본어로 대화합시다." 코너는 학습자들의 일본어 말하기 능력 향상을 도모하기 위해 설정한 것입니다. 말하기는 무엇인가를 무조건 말하는 것이 아니라 쓰기와 마찬가지로 무엇을 어떻게 말하느냐가 중요합니다. 즉 일반적으로 말하는 내용→말하는 방법(쓰는 방법)→실제로 말하기(쓰기)와 같이 세 가지의 과정을 거쳐서 말하는 연습을 하는 것이 중요합니다. 교수자는 한국어 문장을 일본어로 읽으면서 학습자들이 회화에 적극적으로 참여하도록 유도하기를 권장합니다. 회화의 분위기가 활발하게 지속될 수 있는 팁을 하나 말씀드리면, 교수자가 학습자와 대화하면서 대화와 관련한 내용을 학습자에게 계속해서 일본어로 물어나가는 것입니다. 예를 들어 학습자가 어느 잡지에 응모를 한 적 있다고 말하면, 교수자는 무슨 잡지이냐고 묻습니다. 무슨 잡지라고 대답을 하면 무엇을 응모했는지를 묻습니다. 만약 당첨되었다면 무엇이 당첨되었는지, 상품을 받았다면 무슨 상품, 나아가 그 상품을 받아 어떻게 했는지, 그것을 친구에게 말했는지, 그 말을 들은 친구들의 반응은 어떠했는지 등등을 묻고 대답하도록 하는 것입니다. 교수자가 무엇보다 유의해야 할 점은 학습자의 일본어 표현을 세세히 지적함으로써 학습자의 회화 활동을 방해해서는 안 된다는 점입니다. 교수자는 또한 본 코너를 통해 스피치 활동을 할 수도 있습니다. 즉 단순히 묻고 대답하는 방식으로 수업을 진행하는 것과는 별도로, 각과의 제목이나 내용에 관련하여 5분 이내의 스피치 활동을 병행하는 것을 권장합니다. 수업의 일환으로 스피치가 이루어지는 것이므로 학습자로 하여금 스피치 본문을 암기하게 할 필요는 없습니다. 다만 교수자는 학습자가 스피치를 준비할 수 있도록 무엇을 스피치할 것인지, 어떠한 구성, 어떠한 언어 표현, 어떠한 말투, 어떠한 자세나 표정 등을 학습자들이 취할지 생각하면서 스피치 원고를 미리 작성하게 할 필요는 있습니다. 본서에서는 또한 교수자가 본 코너를 토론(디베이트)의 방식으로 운영할 수 있도록 했습니다. 예를 들면 교수자는 아래와 같이 제시된 이슈에 학습자가 개인별 혹은 조별로 찬성 또는 반대하는 입장을 자연적으로 혹은 인위적으로 가지게 하고 학습자별로, 조별로 미리 작성한 찬성 혹은 반대하는 이유를 토대로 토론하도록 하는 것입니다. 본서의 목적은 어디까지나 학습자들의 언어 4기능 능력의 향상을 도모하는 것이므로 너무 깊이 있게 들어갈 필요는 없다고 생각합니다.

오리에게 돈을 갚은 고양이의 행동에 대해 찬성 또는 반대 하는 이유를 조별로 토론하고, 그 토론 결과를 적어 봅시다. (제1장)

찬성	반대

마지막으로 "인터넷에서 泣いているお猫さん에 관련한 자료를 검색해 봅시다."
코너입니다. 이 부분은 작품 제목과 직간접적으로 관련이 있는 사이트에 들어가
서 일본사회에서 특정 작품이 어떠한 방식으로 수용되고 있는지를 학습자들이
실감할 수 있도록 마련한 코너입니다. 동시에 이 코너는 학습자들의 정보검색
능력을 발휘할 수 있도록 기획된 측면도 있습니다.

본 교재는 사실 종이책의 형태를 취하고는 있지만, 궁극적으로 디지털 환경 속에서 일본
어 4기능 향상을 지향하고 있다는 점도 아울러 강조하고 싶습니다. 기존의 아날로그 매체,
즉 종이책(종이서류)은 그동안 누려오던 독점적인 지위를 머지않아 디지털 매체, 즉 전자책
(e-book)에 물려줄 것입니다. 우리들은 원하든 원하지 않든 디지털 문명 속에 이미 진입하
였습니다. 그래서 날이 갈수록 급변하는 디지털 문명 속에서 인간은 종이를 매개하지 않
고 지식과 정보를 표현하고 전달하고 저장해 갈 것입니다. 이에 필자는 일본어 학습자가
디지털 환경 속에서 일본어를 이해하고 표현하는 능력, 즉 웹에 기반한 디지털 리터러시
literacy 능력 향상을 위한 교재가 꼭 필요하다는 생각을 하게 되었습니다. 본서에서는 인터
넷상에 나오는 일본의 드라마(영상 드라마, 라디오 드라마), 영화, 가요, 동화, 소설, 시, 수필, 낭
독, 신문, 잡지 등의 다양한 매개체를 활용하여 일본어, 일본문화 학습에 관련된 다양한 최
신 콘텐츠를 제공받으며 언어 4기능을 학습할 수 있도록 도모했습니다. 인터넷을 매개로
한다고 해서 기존의 오프라인에 입각한 일본어교육의 가치가 결코 소멸되는 것은 아니며,
오히려 언어 4기능 향상을 위한 교실활동의 가능성이 극대화됨으로써 일본어교육의 진정
한 가치가 더더욱 찬란하게 빛날 것이리라 필자는 확신합니다. 따라서 필자는 본서의 부
록에 다양한 언어자료에 관련된 사이트를 제시하였습니다. 본서에서 필자는 다양한 사이
트를 통해서 어떤 사항을 일본어로 듣고, 말하고, 읽고, 쓸 수 있는 수준에서 한걸음 더 나
아가 일본사정이나 일본문화의 이해로 확장되어 나가길 기대하고 있습니다. 본 교재를 통
해서 교수자와 학습자들 간의 상호작용성, 정보수집 및 자기주도학습 능력이 강화될 것이
라는 점도 필자가 크게 기대하는 부분이기도 합니다. 본서에서 제시한 사이트는 특수문자
등을 일일이 입력할 필요없이 문자만 입력하면 바로 검색이 가능합니다. 그리고 본서에서

제시한 사이트 주소는 하나의 예시에 불과하며 검색 여하에 따라 더많은 자료를 찾을 수 있습니다.

본 교재는 필자가 지난 17년간 여러 시행착오를 거치면서 탄생한 것입니다. 따라서 본 교재를 가지고 학습을 하면 누구라도 쉽게 언어 4기능 능력 향상을 체험할 수 있습니다. 또한 본 교재를 가지고 수업을 하면 교실현장에서 체계적으로 학습자들에게 언어 4기능 연습을 하게 할 수 있으리라 필자는 확신하고 있습니다.

이러한 본서가 세상에 나올 수 있었던 것은 전적으로 도서출판 역락의 이대현 사장님과 박태훈 이사님 덕택입니다. 지면을 빌려 두 분에게 심심한 감사의 말씀을 올립니다. 그리고 원고의 정리에서 편집에 이르기까지 많은 노고를 아끼지 않고 책디자인 작업을 정성껏 해 주신 홍성권 대리님께 진심으로 감사를 드립니다.

2017.08 천호재

차례

Episode 1

泣いているお猫さん(1933年)

村山壽子(1903年〜1946年)作
きくドラ 脚色

　　あるところにちょっと欲張りなお猫さんがいました。ある朝新聞を見ますと、写真屋さんの広告が出ていました。「なになに?」写真屋さんを始めます。今日写しにいらした方の中で一番よく写った方のは新聞に載せてご褒美に1円50銭差し上げます。

　　お猫さんは鏡を見ました。体中の毛を撫すってピカピカに光らせました。そしてお隣のあひるさんのところへ行きました。「あひるさん、こんにちは。すみませんけど、リボンを貸してくださいな」「いいですけど、お猫さん。どうか失くさないでね」

　　お猫さんはそれを頭のてっぺんに結んで写真屋さんへ出かけました。「早く行かないと、お客さんがいっぱい詰めかけてきて、写してもらえないかもわからない」と思うと、胸がトキドキして歩いていられません。車もないので仕方なく大急ぎでかけ出しました。

　　お猫さんは写真屋へつきますと、もう一度鏡の前で体をこすりなおしました。そして頭を見ましたらリボンがありません。あんまり走ったので落としてしまったのです。「さあ、写りますよ。笑ってください」写真屋の犬さんが言いましたけれども、リボンのことを考えると笑うどころではありません。カメラに向けた表情は今にも泣きそうな顔でした。

　写真を写し終えるとお猫さんはトボトボとお家へ帰ってきて鏡を見ました。涙がほっぺたを流れて顔中の毛がグシャグシャになっていました。「これじゃ、一等どころかびりっこだ。あひるさんのリボンを買ってかえすにもお金はなし。フークウウ。グウウ」

　ところがあくる日、恐る恐る新聞を見ますと泣いているお猫さん一等と大きな字で書いてありました。お猫さんは飛び上るほど喜びました。そして写真屋さんへ行って1円50銭もらいました。お猫さんはそれを大切にお財布に入れてあひるさんのところへ行きました。「リボン代をこのお金で払うことにしよう。まあ、せいぜい50銭くらいのものだから1円は残るだろう」

　あくる日、お猫さんはあひるさんに言いました。「どうかリボンのお値段を言ってください。遠慮なく本当のところを…」「本当のところはあれは1円50銭なんですの」お猫さんはぼんやりしてしまいました。けれども仕方ありません。1円50銭あひるさんに支払いました。お猫さんのお財布の中にはいくら残っていますか。みなさん、計算してください。

〈終り〉

1-1

　あるところに / ちょっと欲張りなお猫さんがいました。ある朝新聞を見ますと、写真屋さんの広告が出ていました。「なになに?」写真屋さんを始めます。今日写しにいらした方の中で / 一番よく写った方のは / 新聞に載せて / ご褒美に / 1円50銭差し上げます。

　お猫さんは鏡を見ました。体中の毛を撫すって / ピカピカに光らせました。そして / お隣の / あひるさんのところへ行きました。「あひるさん、こんにちは。すみませんけど、リボンを貸してくださいな」「いいですけど、お猫さん。どうか失くさないでね」

1-2

　お猫さんは / それを頭のてっぺんに結んで / 写真屋さんへ出かけました。「早く行かないと、お客さんがいっぱい詰めかけてきて、写してもらえないかもわからない」と思うと、胸がトキドキして / 歩いていられません。車もないので / 仕方なく / 大急ぎでかけ出しました。

　お猫さんは写真屋へつきますと、もう一度 / 鏡の前で体をこすりなおしました。そして / 頭を見ましたら / リボンがありません。あんまり走ったので / 落としてしまったのです。「さあ、写りますよ。笑ってください」写真屋の犬さんが言いましたけれども、リボンのことを考えると / 笑うどころではありません。カメラに向けた表情は / 今にも / 泣きそうな顔でした。

　写真を写し終えると / お猫さんはトボトボとお家へ帰ってきて / 鏡を見ました。涙がほっぺたを流れて / 顔中の毛が / グシャグシャになっていました。「これじゃ、一等どころかびりっこだ。あひるさんのリボンを / 買ってかえすにも / お金はなし。フークウウ。グウウ」

● ● ●

1-3

　ところがあくる日、恐る恐る新聞を見ますと / 泣いているお猫さん / 一等 / と大きな字で書いてありました。お猫さんは飛び上るほど喜びました。そして / 写真屋さんへ行って / 1円50銭もらいました。お猫さんはそれを大切にお財布に入れて / あひるさんのところへ行きました。「リボン代を / このお金で払うことにしよう。まあ、せいぜい50銭くらいのものだから / 1円は残るだろう」

　あくる日、お猫さんはあひるさんに言いました。「どうかリボンのお値段を言ってください。遠慮なく / 本当のところを…」「本当のところは / あれは1円50銭なんですの」お猫さんは / ぼんやりしてしまいました。けれども仕方ありません。1円50銭 / あひるさんに支払いました。お猫さんのお財布の中には / いくら残っていますか。みなさん、計算してください。

❶ ある新聞に何の広告が出ていましたか。

....

❷ 一番よく写った人は写真屋さんにいくらもらいますか。

....

❸ お猫さんは誰のところに何をしに行きましたか。

....

❹ お猫さんには車がありましたか。

....

❺ お猫さんは写真屋にどうやって行きましたか。

....

❻ カメラに向けたお猫さんはどんな顔でしたか。

....

❼ どうしてお猫さんはそんな顔でしたか。

....

❽ お猫さんは何等をとりましたか。

....

❾ アヒルさんが言ったリボン代はいくらでしたか。

....

❿ お猫さんのお財布の中にはいくら残っていますか。

....

⓫ この話を聞いて何を感じましたか。

....

❶ あるところにちょっと欲張りなお猫さんがいました。 ‥

❷ 今日写しにいらした方の中で一番よく写った方のは新
聞に載せてご褒美に100円50銭差し上げます。 ‥

❸ そしてお隣のあひるさんのところへ行きました。 ‥

❹ そして頭を見ましたらネクタイがありません。 ‥

❺ 「さあ、写りますよ。笑ってください」写真屋のキリ
ンさんが言いましたけれども、ネクタイのことを考え
ると笑うどころではありません。 ‥

❻ カメラに向けた表情は今にも悲しそうな顔でした。 ‥

❼ 写真を写し終えるとお猫さんはトボトボと学校へ帰っ
てきて鏡を見ました。 ‥

❽ 涙がほっぺたを流れて身体中の毛がグシャグシャにな
っていました。 ‥

❾ ところがあくる日、恐る恐る新聞を見ますと泣いてい
るお猫さん一等と小さな字で書いてありました。 ‥

❿ お猫さんはそれを大切にかばんに入れてあひるさんの
ところへ行きました。 ‥

일본어로 대화합시다.

❶ 고양이처럼 신문이나 텔레비전, 인터넷에 난 광고를 보고 응모를 할 생각이 있습니까? 있다면 어떠한 부문에 응모를 하고 싶은지 말해 보세요.

❷ 혹시 예전에 신문, 텔레비전, 인터넷 등을 보고 응모를 한 적이 있습니까? 있다면 무슨 응모를 했는지, 그 결과는 어떠했는지 구체적으로 말해 보세요.

❸ 리본이 없을 때 여러분은 오리에게 리본을 빌리겠습니까? 혹은 직접 구매하겠습니까? 구매를 한다면 어디에서 구매를 하겠습니까?

❹ 오리에게 빌린 리본을 잃어버렸을 때 당신이라면 그 오리에게 어떻게 말을 하겠습니까?

❺ 오리가 취한 행동에 대해 어떻게 생각하는지 말해보세요.

❻ 당신이 고양이라면 오리의 행동에 대해 어떻게 말하겠습니까?

❼ 오리에게 돈을 갚은 고양이의 행동에 대해 찬성 또는 반대하는 이유를 조별로
토론하고, 그 토론 결과를 적어 봅시다.

찬성	반대

인터넷에서 泣いているお猫さん에 관련한 자료를 검색해 봅시다.

- 泣いてゐるお猫さん 青空文庫 朗読 飛鮫美羽 (YouTube) samekiti66의 블로그
- 「泣いてゐるお猫さん」村山籌子 -.mp4 (YouTube)
- ペットと一緒に入る墓が増えている 可愛い犬猫と幸せな終活を迎えるには/J-CAST(ニュース - 2017/03/27)
- 「不満なんてカケラもない…」涙を誘う猫マンガが描く無償の愛/withnews(ウィズニュース - 2017/03/19)
- ペットがいる家庭に赤ちゃんがやってきた！ペット達の反応はどうだった？ママリ (mamari - 2017/03/14)
- 猫がこたつに入るときのナゾの鳴き声なんて言ってるの? (読売新聞- 2017/02/21)
- 猫は飼い主のことを何だと思っている? (読売新聞 - 2016/12/15)
- 亡き猫からの贈りもの 家族の再会綴った正月の投稿、ネットで話題にwithnews (ウィズニュース - 2017/01/02)
- 花屋の黒猫ヒロシに贈られた最高の花束 看板猫との出会いと別れ (後編) sippo (シッポ - 2016/11/24)
- 「うちの子が出てるかも」(猫好きがアート系にハマる理由dot.-2016/11/22)
- おもちゃじゃないのよ障子は…ニャッニャーン (ニコニコニュース-2017/02/26)
- 中川家「赤ちゃんは泣くのが仕事」舞台でみせた神対応が話題 (livedoor-2017/02/03)
- 猫専用通信講座「ユーニャン」誕生!? 2月22日 (にゃんにゃんにゃん)の猫の (ネタとぴ-2017/02/21)
- 第58回 動物愛護週間を機に思い出す (愛犬家・川島なお美さんの存在sippo - 2016/09/27)
- 動き予想できず声大きい赤ちゃん 猫にとっては怖い存在 ニフティニュース -2017/02/07
- 【奇跡の出会い】旅先で白猫を発見し保護 → 12時間かけ自宅へ → 妊娠 … Pouch ［ポーチ］(2016/11/23)
- 漫画「獣医さんとうちの猫」〜猫専門の動物病院に行ってきた〜マイナビニュース-2016/08/17
- ２歳の娘が、独身時代に飼っていたペットだったと言いだした (読売新聞 - 2016/09/07)
- 「白猫に400万円つぎ込んだ」スマホゲ (ム課金にはまる大人たち J-CASTニュース-2017/02/23)
- 猫がゆっくりまばたきする仕草にはそんな意味が…… 密かな愛情表現に (ねとらぼ - 2017/01/17)

Episode 2

星の王子さま(1943年)

サンテグジュペリ(1900年～1944年) 作
きくドラ 脚色

아는 단어(혹은 모르는 단어)를
체크하면서 이하의 문장을 들어봅시다.

「大事なことは目じゃ見えない。心で見るんだよ」

〈星の王子さま。サンテグジュペリ〉

　ちょうど6年前のある夜、僕の操縦する飛行機がサハラ砂漠に不時着した。乗っていたのは僕一人。砂漠の景色は美しかったけれど僕はとっても心細かった。だから、その夜明け君に起こされた時は雷に打たれたみたいにびっくりした。

　「ねえ、ねえ、お願い。起きて、僕に羊の絵を描いて。僕、自分の星に羊がほしいんだ」じっと僕を見つめる君を見て僕は不思議に思った。砂漠の真ん中だというのに、君は全然くたびれても怖がってもいない。それより僕は君の可愛らしい姿と声をいっぺんで好きになってしまった。

　「羊だよ。羊を描いて。そうそう。あ、だめだめ。その羊病気だよ。もう一度。あ、違う違う。年寄りじゃなくて若いのが欲しいんだ。それと僕、雄より雌がいい」僕は困ってしまった。なんせ絵を描いたのは子供の頃以来だ。僕は半ばやけになって羊ではなく四角い箱を描いた。「あ、ありがとう。この箱の中に羊がいるんだね。あ、そうそう。僕こんな羊が欲しかったんだ。ね、この羊、たくさ

26

ん食べるかな…」

　君の笑顔はとびきり素敵だった。こうして僕は君と小さな王子さまと友だちになった。そして君は自分の住んでいた小さな小さな遠い星のことを教えてくれた。「僕がいたのは僕よりちょっと大きいくらいの星なんだ。でも、火山が三つもあるんだよ。それととってもきれいなバラが一つ咲いているんだ。僕、今でも覚えてるよ。そのバラが何日も何日もかけてやっとつぼみを開かせたの」

　「ハ…、あら、はじめまして。ごめんなさいね。今目覚めたばかりなの。まだ花びらがクシャクシャだわ」「ハ、君って君ってなんてきれいなんだ」「フフフ、当然よ。たっぷりおしゃれしたんですもの。ねえ、そろそろ朝ご飯が欲しいわ。この星で一番上等なお水をちょうだい」「オオ、なんだか偉そうなバラだな。でも、すっごくいい香り。僕、大好きだ」「ありがとう。いいお味ね。でも、あなたの星少し寒いわ。なにか風よけはないの? そうね。ガラスの覆いがいいわ。虎でもきたら大変ですもの。ねえ、何をしてるの? 早く持ってきてくださる?」

　「僕、そのバラが大好きだったけど、あんまりわがままだから、うんざりしちゃったんだ。それで僕は旅に出ようと思ったんだ。彼女のいない遠くの星へ」「あなた行ってしまうのね」「ウン、さようなら。元気でね」「私、あなたにひどいことばかり言ったわ。やさし

くなかったかもしれない。でも私、あなたが好きよ。わからなかった? さあ、もう行って。バラは誇り高いのよ」「それから僕は六つの星を訪れてこの地球に来たんだ。でも、あたりに誰もいなくてとても寂しかった。そしたら急にバラのことが気になってそんな時狐と出会ったんだ」

　「コンコン、やあ、こんにちは。ここらじゃ見ない顔だね」「やあ、狐君。僕と遊ぼうよ」「いや、それはだめだよ」「なぜ?」「私はまだ君に懐いていないから…」「なつくって何?」「信頼するってことさ。今私にとって君はただの男の子だ。名前も知らない10万人の男の子と変わらない。でも、私が君になつけば、私にとって君は世界にたった一人の男の子になる」「ハア、わかる気がする。そうか、あのバラは僕になついていたんだ」「バラ?」「バラなら、ほら、この先にローズガーデンがある。一緒に行くかい?」

　「狐に誘われて僕はその庭園に行ってみたんだ。そこで僕はびっくりした。あのバラにそっくりな花が5千本も咲いていたんだ」「あら、こんにちは。可愛い子ね」「こんにちは。ハロー、ハロー、こんにちは」「君たち誰?」「何言ってるの? バラに決まってるでしょう」あ、違う。みためは同じなのに、君たちは僕のバラと全然違う。あ、僕はなんてバカだったんだろう。彼女は僕の星をいい香りで包んでくれた。毎日の楽しみをくれた。なのに僕は彼女のわがままだけをみて

それが見えていなかった。大事なことは目じゃ見えない。心で見るんだよ。目じゃなくて心で。

　やがて君は話し疲れたのか少し黙ってしまった。空にはもう無数の星が光り輝いている。一体君の星はどれなんだろう。「僕の星は小さいからどれかはわからないんだ。でもそれはあの星もあの星も全部僕の星かもしれないってことだよね。じゃ、この夜空の星は全部僕の星なんだ。アハハハ」君は僕に飛びきりの笑顔を見せてくれた。すると目に映る星すべてが君の笑顔に変わり一斉に僕に微笑みかけた。「へへへ、大事なことはね。目じゃ見えない。心で見るんだよ。ハハハ」

　翌朝、目が覚めると君はどこにもいなかった。僕はその後、何とか飛行機の修理を終え、帰還した。それは今から6年前のことだ。でも、僕は知っている。君が星に帰り、愛するバラと僕の描いた羊と仲良く楽しく暮らしていることを…。あ、今夜は星がよく見える。あのどれかの星で君は笑っている。さあ、あなたたちも一緒に夜空を見上げよう。そして眼だけじゃく、心で見るんだ。そうすればきっと満天の星空があの小さな王子があなたに微笑みかけるだろう。ハハハ、ハハハ

〈終り〉

29

2-1

「大事なことは / 目じゃ見えない。心で / 見るんだよ」

〈星の王子さま、サンテグジュペリ〉

　ちょうど / 6年前のある夜、僕の操縦する飛行機が / サハラ砂漠に / 不時着した。乗っていたのは / 僕 / 一人。砂漠の景色は美しかったけれど / 僕は / とっても / 心細かった。だから、その夜明け / 君に起こされた時は / 雷に打たれたみたいに / びっくりした。
　「ねえ、ねえ、お願い。起きて、僕に / 羊の絵を描いて。僕、自分の星に / 羊がほしいんだ」じっと / 僕を見つめる君を見て / 僕は / 不思議に思った。砂漠の真ん中だというのに、君は / 全然くたびれても / 怖がってもいない。それより僕は / 君の可愛らしい姿と声を / いっぺんで好きになってしまった。
　「羊だよ。羊を描いて。そうそう。あ、だめだめ。その羊病気だよ。もう一度。あ、違う違う。年寄りじゃなくて / 若いのが欲しいんだ。それと僕、雄より / 雌がいい」僕は / 困ってしまった。なんせ絵を描いたのは / 子供頃以来だ。僕は半ばやけになって / 羊ではなく / 四角い箱を描いた。「あ、ありがとう。この箱の中に羊がいるんだね。あ、そうそう。僕こんな羊が欲しかったんだ。ね、この羊、たくさん食べるかな…」

　君の笑顔は / とびきり素敵だった。こうして僕は / 君と / 小さな王子さまと / 友だちになった。そして君は / 自分の住んでいた / 小さな / 小さな / 遠い星のことを / 教えてくれた。「僕がいたのは / 僕より / ちょっと大きいくらいの星なんだ。でも、火山が三つもあるんだよ。それと / とってもきれいなバラが一つ / 咲いているんだ。僕、今でも覚えてるよ。そのバラが / 何日も何日もかけて / やっとつぼみを開かせたの」

　「ハ…、あら、はじめまして。ごめんなさいね。今目覚めたばかりなの。まだ / 花びらがクシャクシャだわ」「ハ、君って / 君って / なんてきれいなんだ」「フフフ、当然よ。たっぷりおしゃれしたんですもの。ねえ、そろそろ / 朝ご飯が欲しいわ。この星で / 一番上等なお水をちょうだい」「オオ、なんだか / 偉そうなバラだな。でも、すっごくいい香り。僕、大好きだ」「ありがとう。いいお味ね。でも、あなたの星 / 少し寒いわ。なにか / 風よけはないの? そうね。ガラスの覆いがいいわ。虎でもきたら / 大変ですもの。ねえ、何をしてるの? 早く持ってきてくださる?」

32

2-3

　「僕、そのバラが大好きだったけど、あんまりわがままだから、う
んざりしちゃったんだ。それで僕は / 旅に出ようと思ったんだ。彼
女のいない / 遠くの星へ」「あなた / 行ってしまうのね」「ウン、さ
ようなら。元気でね」「私、あなたにひどいことばかり言ったわ。や
さしくなかったかもしれない。でも私、あなたが好きよ。わからな
かった? さあ、もう行って。バラは誇り高いのよ」「それから僕は /
六つの星を訪れて / この地球に来たんだ。でも、あたりに誰もいな
くて / とても / 寂しかった。そしたら / 急にバラのことが気になっ
て / そんな時 / 狐と出会ったんだ」

　「コンコン、やあ、こんにちは。ここらじゃ見ない顔だね」「や
あ、狐君。僕と遊ぼうよ」「いや、それはだめだよ」「なぜ?」「私は
まだ / 君に懐いていないから…」「なつくって / 何?」「信頼するって
ことさ。今 / 私にとって君は / ただの男の子だ。名前も知らない10
万人の男の子と変わらない。でも、私が君になつけば、私にとって
君は / 世界にたった一人の男の子になる」「ハア、わかる気がする。
そうか、あのバラは / 僕に / なついていたんだ」「バラ?」「バラなら、ほら、この先に / ローズガーデンがある。一緒に行くかい?」

狐に誘われて / 僕はその庭園に行ってみたんだ。そこで僕は / びっくりした。あのバラにそっくりな花が / 5千本も咲いていたんだ」「あら、こんにちは。可愛い子ね」「こんにちは。ハロー、ハロー、こんにちは」「君たち誰?」「何言ってるの? バラに決まってるでしょう」「あ、違う。みためは同じなのに、君たちは / 僕のバラと全然違う。あ、僕はなんてバカだったんだろう。彼女は / 僕の星を / いい香りで包んでくれた。毎日の楽しみをくれた。なのに僕は / 彼女のわがままだけをみて / それが / 見えていなかった。「大事なことは / 目じゃ見えない。心で / 見るんだよ」「目じゃなくて / 心で」

やがて / 君は話し疲れたのか / 少し黙ってしまった。空にはもう / 無数の星が / 光り輝いている。一体 / 君の星は / どれなんだろう。「僕の星は / 小さいから / どれかはわからないんだ。でもそれは / あの星も / あの星も / 全部 / 僕の星かもしれないってことだよね。じゃ、この夜空の星は / 全部 / 僕の星なんだ。アハハハ」君は僕に / 飛びきりの笑顔を見せてくれた。すると / 目に映る星 / すべてが / 君の笑顔に変わり / 一斉に / 僕に / 微笑みかけた。「へへへ、大事なことはね。目じゃ見えない。心で / 見るんだよ。ハハハ」

翌朝、目が覚めると / 君はどこにもいなかった。僕はその後、何とか飛行機の修理を終え、帰還した。それは今から / 6年前のことだ。でも、僕は知っている。君が星に帰り、愛するバラと / 僕の描いた羊と / 仲良く / 楽しく暮らしていることを…。あ、今夜は / 星が / よく見える。あの / どれかの星で / 君は笑っている。さあ、あなたたちも一緒に / 夜空を見上げよう。そして / 眼だけじゃく、心で見るんだ。そうすればきっと / 満天の星空が / あの / 小さな王子が / あなたに / 微笑みかけるだろう。ハハハ、ハハハ

❶ 王子さまは大事なことは目に見えると言っていますか、それとも見えないと言っていますか。

....

❷ 主人公はいつどこに不時着しましたか。

....

❸ 主人公は王子さまのどんなところがいっぺんに好きになりましたか。

....

❹ 王子さまは主人公に何の絵を描いてくれと頼みましたか。

....

❺ 王子さまは、なぜその絵を描いてほしいと言いましたか。

....

❻ 王子さまの住んでいる星には火山はいくつありますか。また何の花が咲いていますか。

....

❼ 王子さまの星で花がしてくれたことは何ですか。

....

❽ どうして王子さまはその花のことが嫌になりましたか。

....

⑨ 王子さまは、地球に来る前にどこを訪れましたか。

⑩ 王子さまは地球に来て、最初に誰と出会いましたか。

⑪ その相手はどうして王子さまと一緒に遊べないと言いましたか。

⑫ 王子さまが最後に主人公にみせてくれたものは何ですか。

⑬ ローズガーデンにはバラの花が何本咲いていましたか。

⑭ 主人公が修理して帰還したのは、今から何年前のことですか。

⑮ この作品を読んで何を感じましたか。

❶ ちょうど8年前のある夜、僕の操縦する飛行機がサハ
   ラ砂漠に到着した。 ‥ ☐

❷ じっと僕を見つめる君を見て僕は面白いと思った。 ‥ ☐

❸ でも、火山が二つもあるんだよ。それととってもきれ
   いなタンポポの花が一つ咲いているんだ。 ‥ ☐

❹ そしたら急にバラのことが気になってそんな時狸と出
   会ったんだ。 ‥ ☐

❺ あ、違う違う。若いのじゃなくて年寄りが欲しいんだ。 ‥ ☐

❻ それから僕は五つの星を訪れてこの地球に来たんだ。 ‥ ☐

❼ そこで僕はびっくりした。あのバラにそっくりな花が
   5千本も咲いていたんだ。 ‥ ☐

❽ 今私にとって君はただの男の子だ。名前も知らない。
   100万人の男の子と変わらない。 ‥ ☐

❾ 彼女は僕の星をいい香りで包んでくれた。毎日の楽し
   みをくれた。 ‥ ☐

❿ でも、私が君になつけば、私にとって君は世界にたっ
   た一人の男の子になる。 ‥ ☐

❶ 당신이 사막에 불시착했다면 어떤 심정일지를 말해보세요.

❷ 사막에 불시착했다면 어떠한 행동을 취했을지를 말해보세요.

❸ 아무도 없는 사막에서 혼자 잠을 자는데 모르는 아이가 나타나서 여러분에게 말을 걸 때 여러분은 무슨 말을 어떻게 하겠습니까?

❹ 어떤 아이가 다가와서 동물의 그림을 그려달라고 하면 당신은 무슨 그림을 그리겠습니까?

❺ 왜 그 그림을 그렸는지를 말해 보세요.

❻ 여러분이 그린 그림은 암컷입니까? 수컷입니까? 당신은 암컷을 좋아하나요, 혹은 수컷을 좋아하나요? 그 이유를 말해 보세요.

❼ 당신이 그린 그림을 그 아이가 마음에 들어하지 않으면 어떻게 할지 말해 보세요.

❽ 평소에 잘 그리는 그림을 그리고 그 그림에 대해 설명해 보세요.

❾ 어린왕자처럼 장미를 좋아하지만 좋아하는 누군가가 자신에게 너무 요구가 많은 경우, 어떤 행동을 취할지 말해 보세요.

❿ 만약 누군가가 싫어서 살던 곳을 떠난다면 어디로 갈지, 왜 거기로 가는지 말해보세요.

⓫ 어린왕자가 장미를 남겨 두고 떠나온 점에 대해 찬성 혹은 반대하는 이유를 조별로 토론하고 결과를 말해봅시다.

찬성	반대

인터넷에서 星の王子さま에 관련한 자료를 검색해 봅시다.

- 金子みすゞに世界が共感 米紙「星の王子さま思わせる」朝日新聞 - 2017/03/16
- 島崎遥香、誕生日に新たな試み ファン歓喜＆祝福殺到 ニフティニュース -2017/03/29
- 【REPORT】VIXXがアストロ旅行でファンとの絆を深める! 2017年初の ... Kstyle - 2017/03/22
- 「星の王子さま」は、こんなに素敵な人生の教訓を教えてくれるハフィントンポスト-2016/05/19
- 『夢100』スペシャル企画! 王子様に質問しました【第6回 ワールドサロン】ファミ通.com-2017/03/17
- WINNER キム・ジヌ、韓国アイドルで初めて現代舞踊に挑戦…「星の王子 ... Kstyle-2016/11/17
- 星の王子さまをライブとVRで融合し全く新しいミュージカルへ「リトル ... Social VR Info (プレスリリース) - 2017/01/18
- 「星の王子さま」うわばみ象の人形焼 (!)【甲斐みのり「おやつの時間」】MYLOHAS (登録)-2016/07/18
- 韓国の観光地同士が「星の王子さま」の"元祖"めぐり論争＝韓国ネット ... Record China-2016/06/11
- WINNER キム・ジヌ、現代舞踊「星の王子さま」公演を成功裏に終了 ... Kstyle-2016/12/11
- 準ミスソフィアがおすすめする、かわいく写る自撮りアプリ6選日刊アメーバニュース -2017/03/24
- 宇宙の姿が変わる! 私たちはすごい時代を生きている BIGLOBEニュース-2017/03/26
- オリラジ中田「星の王子さま」から人生の教え紐解く「しくじり先生」新企画ナタリー-2016/11/20
- 『星の王子さま』が大人に及ぼす情緒不安定を谷口菜津子が語る CINRA.NET (シンラドットネット) -2015/11/20
- 【週末おでかけ】サン=テグジュペリの世界に思いを馳せて…… 箱根・星の ... ガジェット通信 -2016/06/24
- 神奈川県箱根町の星の王子さまミュージアムで夏休みイベント開催 るるぶNEWS-2016/07/06

Episode 3

幸福な王子(1888年)

オスカーワイルド(1854年～1900年) 作
きくドラ 脚色

　ある町の高台に幸福な王子の像が建ちました。両目には本物の
サファイア。体はピカピカした金ぱくに覆われ実に立派です。光り
輝く王子の像は人々の自慢でした。「全く美しい王子だ。高い予算で
建てた甲斐があった」像を建てた市長も自慢げです。

　そして11月のある日町に一羽のつばめがやってきました。
「あ、寒い寒い。もたもたしてたらすっかり仲間とはぐれちゃった
わ。早く暖かいエジプトに行かなきゃ」つばめは羽を休めるため王
子の足元に止まりました。すると突然水滴が落ちてきます。「あ、冷
たい。何なの?」それは何と王子が流した涙でした。

　「ちょっと、そこの王子さま。何を泣いてるのさ」「つばめさ
ん。驚かせてごめんなさい。でも、ここに立っていると町のあらゆ
る悲劇が見えるのです。私はそれをただ見ていることしかできな
い。それがとても悲しいのです」「ウーン、そりゃ仕方がないです
よ。王子さま動けないんですから…」

　「ねえ、つばめさん。どうか私の代わりに人々を助けてくれません
か」「ヘエ、私ですか。早くエジプトに行きたいんですけど…」「お願
いです。ほら、あそこにすすけた屋根の家があるでしょう。あの家
には、病気の子供がいるのです。母親は貧しいお針子で薬が買えま
せん。どうか彼女に私のサファイアの目を届けてください」「そんな

ことしたら王子さま目が一つになっちゃいますよ」「いいんです。私には何の価値もないんですから」

　つばめは王子の純粋さに負け引き受けることにしました。「でも少しだけですよ。つばめは寒さに弱いんですからね」「ありがとう。つばめさん。さあ、私の目をつついてください」つばめは少しためらいましたが、言われたとおりにサファイアを外し母親のもとにこっそり届けました。

　「まあ、なんて奇跡なの。これで坊やも元気になるわ」「つばめさん、ありがとう。母親の喜ぶ顔がよく見えます」「不思議だね、こんなに寒いのに私もほっこり暖ったかい気分ですよ」

　「さあ、次は町はずれのアパートです。そこの屋根裏に住む芸術家にも私の目を届けてください」つばめはためらいました。もうすでに王子の目は一つしかないのです。「王子さまやめましょうよ。そんなことしたらすっかりめしいってしまいます」「かまいません。どうか、言うとおりにしてください」「王子…」つばめは王子のもう片方の目も外し芸術家に届けました。

　「おお、何とありがたい。きっとどこかの資産家が援助してくださったのだ」「つばめさん、ありがとう。さあ、もうエジプトにお行きなさい。お友達も待っているのでしょう」つばめは両目を失った

王子をとても哀れに思いました。「やれやれ、もう少し一緒にいてあげますよ。何も見えないんじゃ退屈でしょう」そう言ってつばめは王子の肩で眠りにつきました。

　その姿を見て人々は冬のつばめとは珍しいと噂したそうです。「ねえ、つばめさん。まだ聞こえませんか。町に満ちた悲しみの声が…。どうか彼らのことも救ってくれないでしょうか」「でも王子さま、もう宝石はないんでしょう」「はい、ですが、私の体は金ぱくで覆われています。これをはがせば多くの人に配ることができるでしょう」「やれやれ、これは大仕事ですね」

　つばめは一枚、また一枚と金ぱくをはがし貧しい人々に配りました。そして王子の体はどんどん輝きを失い、ついに、灰色のみすぼらしい姿になってしまいました。「つばめさん。本当によくやってくれました。町は今喜びの声で満ち溢れています。ですが、どうやら私に宿った命もこれまでのようです。さあ、どうか心置きなくエジプトに行ってください」

　「いえ、王子。私はもうエジプトには行けませんよ。ずっとあなたと一緒です」つばめは冬の寒空を何度も飛び回ったせいで力を使い果たしてしまったのです。「最後にキスをさせてくれますか」「え、もちろんです」つばめは王子にキスをするとそのまま地面に落ちて死んでしまいました。そして次の瞬間、王子の魂も天に召され

48

たのです。

　そして翌朝、「あ、なんだなんだ。この貧乏くさい像は?」「飢え
ているこっちまで気が滅入ってしまうぞ」「見ろよ。足元で鳥が死ん
でるじゃないか。不吉だな」「取り壊して市長である私の像を建てる
べきだ」

　丸裸になった王子の像はもはや幸福ではない、という理由で取
り壊されました。そして次に何の像を建てるかは市議会で大論争に
なっているそうです。では、あの心優しい王子とつばめの魂はどう
なったのでしょう。あの後彼らは天上の神に認められ、楽園に住む
ことを永遠に許されたそうです。

〈 終り 〉

3-1

　ある町の高台に / 幸福な王子の像が建ちました。両目には本物のサファイア。体はピカピカした金ぱくに覆われ / 実に立派です。光り輝く王子の像は / 人々の自慢でした。「全く美しい王子だ。高い予算で建てた甲斐があった」像を建てた市長も自慢げです。

　そして11月のある日 / 町に一羽のつばめがやってきました。「あ、寒い寒い。もたもたしてたらすっかり仲間とはぐれちゃったわ。早く暖かいエジプトに行かなきゃ」つばめは羽を休めるため / 王子の足元に止まりました。すると突然 / 水滴が落ちてきます。「あ、冷たい。何なの?」それは何と / 王子が流した涙でした。

　「ちょっと、そこの王子さま。何を泣いてるのさ」「つばめさん、驚かせてごめんなさい。でも、ここに立っていると / 町のあらゆる悲劇が見えるのです。私はそれを / ただ見ていることしかできない。それがとても悲しいのです」「ウーン、そりゃ仕方がないですよ。王子さま動けないんですから…」

「ねえ、つばめさん。どうか私の代わりに / 人々を助けてくれませんか」「ヘエ、私ですか。早くエジプトに行きたいんですけど…」「お願いです。ほら、あそこにすすけた屋根の家があるでしょう。あの家には、病気の子供がいるのです。母親は / 貧しいお針子で / 薬が買えません。どうか彼女に / 私のサファイアの目を届けてください」「そんなことしたら / 王子さま目が一つになっちゃいますよ」「いいんです。私には何の価値もないんですから」

つばめは / 王子の純粋さに負け / 引き受けることにしました。「でも少しだけですよ。つばめは寒さに弱いんですからね」「ありがとう。つばめさん。さあ、私の目をつついてください」つばめは少しためらいましたが、言われたとおりにサファイアを外し / 母親のもとに / こっそり届けました。

「まあ、なんて奇跡なの。これで坊やも元気になるわ」「つばめさん、ありがとう。母親の喜ぶ顔が / よく見えます」「不思議だね、こんなに寒いのに / 私もほっこり / 暖ったかい気分ですよ」

「さあ、次は町はずれのアパートです。そこの屋根裏に住む芸術家にも／私の目を届けてください」つばめはためらいました。もうすでに／王子の目は一つしかないのです。「王子さまやめましょうよ。そんなことしたら／すっかりめしいってしまいます」「かまいません。どうか、言うとおりにしてください」「王子…」つばめは／王子のもう片方の目も外し／芸術家に届けました。

「おお、何とありがたい。きっと／どこかの資産家が／援助してくださったのだ」「つばめさん、ありがとう。さあ、もうエジプトにお行きなさい。お友達も待っているのでしょう」つばめは／両目を失った王子を／とても哀れに思いました。「やれやれ、もう少し一緒にいてあげますよ。何も見えないんじゃ／退屈でしょう」そう言ってつばめは／王子の肩で眠りにつきました。

その姿を見て人々は／冬のつばめとは珍しい／と噂したそうです。「ねえ、つばめさん。まだ聞こえませんか。町に満ちた／悲しみの声が…。どうか彼らのことも救ってくれないでしょうか」「でも王子さま、もう／宝石はないんでしょう」「はい、ですが、私の体は金ぱくで覆われています。これをはがせば／多くの人に配ることができるでしょう」「やれやれ、これは大仕事ですね」

つばめは / 一枚、また一枚と金ぱくをはがし / 貧しい人々に配りました。そして / 王子の体は / どんどん輝きを失い、ついに、灰色のみすぼらしい姿になってしまいました。「つばめさん。本当によくやってくれました。町は今 / 喜びの声で満ち溢れています。ですが、どうやら私に宿った命も / これまでのようです。さあ、どうか心置きなく / エジプトに行ってください」

「いえ、王子。私はもう / エジプトには行けませんよ。ずっと / あなたと一緒です」つばめは / 冬の寒空を / 何度も飛び回ったせいで / 力を使い果たしてしまったのです。「最後に / キスをさせてくれますか」「え、もちろんです」つばめは / 王子にキスをすると / そのまま / 地面に落ちて死んでしまいました。そして次の瞬間、王子の魂も / 天に召されたのです。

そして / 翌朝、「あ、なんだなんだ。この貧乏くさい像は?」「飢えているこっちまで / 気が滅入ってしまうぞ」「見ろよ。足元で / 鳥が死んでるじゃないか。不吉だな」「取り壊して市長である私の像を建てるべきだ」

丸裸になった王子の像は / もはや幸福ではない、という理由で / 取り壊されました。そして / 次に何の像を建てるかは / 市議会で大論争になっているそうです。では、あの心優しい王子と / つばめの魂はどうなったのでしょう。あの後彼らは / 天上の神に認められ、楽園に住むことを / 永遠に許されたそうです。

❶ ある町の高台に何の像が建ちましたか。

....

❷ 体は何に覆われていましたか。

....

❸ 像は高い予算で建ちましたか。あるいは低い予算で建ちましたか。

....

❹ 一羽のつばめがやってきたのはいつですか。

....

❺ そのつばめはどこへ行くつもりでしたか。

....

❻ そのつばめはどうして像の足元に止まりましたか。

....

❼ 建っている像の目には何が見えていましたか。

....

❽ すすけた屋根の家には誰と誰が住んでいましたか。

....

❾ 母親のお仕事は何ですか。

....

⑩ すすけた屋根の家につばめは何を届けましたか。

⑪ すずめは寒さに強いですか、弱いですか。

⑫ 町はずれのアパートの屋根裏には誰が住んでいましたか。

⑬ その屋根裏に住んでいる人は誰がサファイアを援助してくれたと思いま
したか。

⑭ つばめはエジプトに行くことができましたか。

⑮ 像にキスしたつばめはどうなりましたか。

⑯ この話を聞いて何を感じましたか。

아래의 일본어 문장의 내용이 본문 내용과 일치하면 ○를, 일치하지 않으면 X를 기입하세요.

❶ そして11月のある日町に一羽のつばめがやってきました。 ·· ☐

❷ ほら、あそこにすすけた屋根の家があるでしょう。あの家には、病気の子供がいるのです。 ·· ☐

❸ 母親は貧しいお針子で薬が買えません。どうか彼女に私のサファイアの目を届けてください。 ·· ☐

❹ つばめは少しためらいましたが、言われたとおりにサファイアを外し母親のもとにこっそり届けました。

❺ その姿を見て人々は冬のつばめとは珍しいと噂したそうです。 ·· ☐

❻ つばめは一枚、また一枚と金ぱくをはがし広場の人々に配りました ·· ☐

❼ そして王子の体はどんどん輝きを失い、ついに、白色のみすぼらしい姿になってしまいました。 ·· ☐

❽ つばめは秋の寒空を何度も飛び回ったせいで力を使い果たしてしまったのです。 ·· ☐

❾ つばめは王子にキスをするとそのまま地面に落ちて死んでしまいました。 ·· ☐

❿ そして次に何の像を建てるかは教会で大論争になっているそうです。 ·· ☐

❶ 여러분이 왕자라면 마을 곳곳에 보이는 슬픈 풍경을 보고 어떤 결심을 했을지 말해 보세요.

❷ 어떤 결심을 했다면, 반대로 하지 않았다면 그 이유가 무엇인지 말해 보세요.

❸ 당신이 참새라면 왕자의 청에 대해 어떤 행동을 취했을지 말해 보세요.

❹ 당신이 참새라면 왕자의 모습을 뒤로 하고 예정대로 이집트로 갔을지, 혹은 가지 않았을지, 어느 쪽을 택했을지 그 이유를 말해 보세요.

❺ 볼품없는 왕자의 동상을 없애고 자신의 동상을 세워야 한다고 한 시장을 어떻게 생각하는지 말해 보세요.

❻ 왕자가 취한 자선행위를 찬성하는지, 혹은 반대하는지를 조별로 토론하고 그 결과를 적어 보세요.

찬성	반대

인터넷에서 幸福な王子に 관련한 자료를 검색해 봅시다.

- 子供たちのアイデア満載「幸福な王子」など３本公演 ２５、 ２６日・鳥取で … 毎日新聞-2017/03/22
- 幸福な王子 - Wikipedia(2017.04.04.)
- 人形劇「幸福な王子」エンターテイメント/動画 - ニコニコ動画 - niconico (2017.04.04.)
- 朗読 オスカー・ワイルド「幸福な王子」by 赤ひげ エンターテイメント/動画 … (2017.04.04.)
- 幸福な王子1 英語で名作リスニング - YouTube(2017.04.04.)
- 【サクラノ詩】幸福な王子/赤ずきん by ぐんそー ゲーム/動画 - ニコニコ動画 (2017.04.04.)
- 【日本語字幕付き】The Happy Prince | 幸福な王子 英語版 | 世界名作 (2017.04.04.)
- 【URESICA】幸福な王子 Tシャツ(2017.04.04.)
- 幸福の王子 (テレビドラマ) - Wikipedia(2017.04.04.)
- 幸福の王子の挿入曲 - ドラマ | 【OKWAVE】(2017.04.04.)
- 音楽絵本・幸福の王子 (曲 ZABADAK 絵 谷村友)-YouTube(2017.04.04.)

Episode 4

茄子畑(1953年)

片山廣子(1878年〜1957年) 作
きくドラ 脚色

　ある夕方のことである。私は葉書を出そうと思って駅前のポストに向かって歩いていたとき今日はどうしたことか5年前のある夕方を思い出してしまった。昭和21年ごろの秋であっただろうか。茄子畑の出来事である。まだ今のように物資が満足になく誰もが苦労しているときで疎開先から帰ってきた人たちは特にひどかった。

　あの日も私は葉書を出しに駅前のポストへと向かっている途中であった。「食べるものがないからって黙って畑のものを持って行かれたらどうなると思う？ おれのとこだって働いて食ってるんだ。疎開先で畑荒らしを覚えて来たんだろう。もう二度と出来ないようにしてやる。出て来い」

　怒鳴っているのはその茄子畑の持ち主である農家の息子であった。茄子畑にうずくまって何も言わず下を向いているのは年寄りの女性で大島のモンペをはき、少しくたびれた黒縮緬の羽織を着て友禅更紗の買い物袋を両手にしゃがんでいた。その袋の中に騒ぎの原因が潜んでいるのだが、彼女はそれを抱えたまま動こうとしなかった。

　あまり愉快な景色でないから急いで通り過ぎようとしたのだが思わず男と目が合ってしまった。彼は怖い顔をしていた。「あなた、あげてやりなさいな」「さっさと帰ってくれ」彼は口ではなんて言っても本当は女性を殴ることのできない紳士なのだ。

　私は用を済ませてから、もう一度その道を通ってみた。好奇心である。すでに女性は姿を消していて、男は何事もなかったかのよ

うに畑仕事に精を出していた。「先ほどはおせっかいをしてすみませんでした」「やあ、おれはああいうのは苦手でね。あの女は何もとってないというんだ。それじゃ何をしていたんだと聞くと疲れたから休んでたんだとさ。さっさと出ていってくれといったら、言われなくても出て行きます。あ、余計な恥をかいた、といばって帰っていったよ。帰りに茄子を三つ落としてね」

　「ああ、本当にいい色の茄子ですね。少し売っていただこうかしら?」「五つや六つならあげるよ」「そう、ありがとう。じゃ何か入れ物でも持ってきて」「ハハハ、それがいい、それがいい。ハハハ」男の笑い声を聞いているとあの女性が怒鳴られながら畑にうずくまっている姿が目に浮かんできて私は笑えなかった。彼女はああいうことを少しずつ少しずつ覚えてそれまでにいろいろな苦しいこともひもじいことも通り過ぎて東京に帰ってきたのだろう。

　私は質素な暮らしをしていてもまだひもじさを知らないので、あの人に石を投げる資格はもたない。同じ道でそんなことを思い出していた。私はあの時分よりもっと慎ましやかに暮らしている。それでもまだひもじさは知らない。もう一度戦争があるとそれでも死なずに生きていたら、ある日私も人の畑に踏み入るかもしれない。

〈終り〉

문장을 읽고 번역을 합시다.

4-1

　ある夕方のことである。私は葉書を出そうと思って / 駅前のポストに向かって歩いていたとき / 今日はどうしたことか/5年前のある夕方を思い出してしまった。昭和21年ごろの秋であっただろうか。茄子畑の出来事である。まだ / 今のように物資が満足になく / 誰もが苦労しているときで / 疎開先から帰ってきた人たちは特にひどかった。

　あの日も私は / 葉書を出しに / 駅前のポストへと向かっている途中であった。「食べるものがないからって黙って畑のものを持って行かれたらどうなると思う? おれのとこだって働いて食ってるんだ。疎開先で畑荒らしを覚えて来たんだろう。もう二度と出来ないようにしてやる。出て来い」

● ● ●

4-2

　　怒鳴っているのは / その茄子畑の持ち主である / 農家の息子で
あった。茄子畑にうずくまって / 何も言わず下を向いているのは /
年寄りの女性で / 大島のモンペをはき、少しくたびれた / 黒縮緬の
羽織を着て / 友禅更紗の買い物袋を両手にしゃがんでいた。その袋
の中に / 騒ぎの原因が潜んでいるのだが、彼女はそれを抱えたまま
/ 動こうとしなかった。

　　あまり愉快な景色でないから / 急いで通り過ぎようとしたのだ
が / 思わず男と目が合ってしまった。彼は怖い顔をしていた。「あな
た、あげてやりなさいな」「さっさと帰ってくれ」彼は / 口ではなん
て言っても / 本当は女性を殴ることのできない紳士なのだ。

　　私は用を済ませてから、もう一度その道を通ってみた。好奇心
である。すでに女性は姿を消していて、男は何事もなかったかのよ
うに / 畑仕事に精を出していた。「先ほどはおせっかいをして / すみ
ませんでした」「やあ、おれはああいうのは苦手でね。あの女は何も
とってないというんだ。それじゃ何をしていたんだと聞くと / 疲れ
たから休んでたんだとさ。さっさと出ていってくれといったら、言
われなくても出て行きます。あ、余計な恥をかいた、といばって帰
っていったよ。帰りに茄子を三つ落としてね」

● ● ●

4-3

　「ああ、本当にいい色の茄子ですね。少し売っていただこうかしら?」「五つや六つならあげるよ」「そう、ありがとう。じゃ何か入れ物でも持ってきて」「ハハハ、それがいい、それがいい。ハハハ」男の笑い声を聞いていると / あの女性が怒鳴られながら / 畑にうずくまっている姿が目に浮かんできて、私は笑えなかった。彼女はああいうことを少しずつ / 少しずつ覚えて / それまでにいろいろな苦しいことも / ひもじいことも / 通り過ぎて東京に帰ってきたのだろう。

　私は質素な暮らしをしていても / まだひもじさを知らないので、あの人に石を投げる資格はもたない。同じ道でそんなことを思い出していた。私は / あの時分より / もっと慎ましやかに暮らしている。それでも / まだひもじさは知らない。もう一度戦争があると / それでも死なずに生きていたら、ある日 / 私も人の畑に / 踏み入るかもしれない。

❶ 主人公は何のために駅前のポストに向かっていましたか。

....

❷ 主人公は何を思い出しましたか。

....

❸ ある女性を怒鳴った人は誰でしたか。その女性はどうしてその人に怒鳴
られましたか。

....

❹ その女性は若かったですか。年寄りでしたか。

....

❺ その女性は何を履いて何を着ていましたか。

....

❻ その女性は手に何を持っていましたか。

....

❼ その男と目があった主人公はその男に何を言いましたか。

....

❽ その女性は茄子畑で何をしていたと言いましたか。

....

❾ 帰りにその女性は何を落としましたか。

....

❿ この話を聞いて何を感じましたか。

....

❶ 私は手紙を出そうと思って駅前のポストに向かって歩
いていたとき今日はどうしたことか6年前のある夕方
を思い出してしまった。　·· ☐

❷ 昭和22年ごろの春であっただろうか。大根畑の出来事
である。　·· ☐

❸ 怒鳴っているのはその茄子畑の持ち主である農家の娘
であった。　·· ☐

❹ 茄子畑にうずくまって何も言わず下を向いているのは
若い女性で小島のモンペをはき、少しくたびれた黒縮
緬の羽織を着て友禅更紗の買い物袋を両手にしゃがん
でいた。　·· ☐

❺ そのかばんの中に騒ぎの原因が潜んでいるのだが、彼
女はそれを抱えたまま動こうとしなかった。　·· ☐

❻ あまり愉快な景色でないから急いで通り過ぎようとし
たのだが思わず男と目が合ってしまった。　·· ☐

❼ すでに男は姿を消していて、その女性は何事もなかっ
たかのように畑仕事に精を出していた。　·· ☐

❽ 男の笑い声を聞いているとあの女性が怒鳴られながら
畑にうずくまっている姿が目に浮かんできて私は笑え
なかった。　·· ☐

75

❾ 彼女はああいうことを少しずつ少しずつ覚えてそれま
でにいろいろな苦しいこともひもじいことも通り過ぎ
て東京に帰ってきたのだろう。 ‥ ☐

❿ もう一度戦争があるとそれでも死なずに生きていた
ら、ある日私も人の畑に踏み入るかもしれない。 ‥ ☐

❶ 만약 먹을 것이 없고 앞으로도 굶을 수밖에 없는 처지라면 가지밭을 지나갈 때 어떻게 할지 말해 보세요.

❷ 농부가 가지를 훔친 여성에게 취한 행동에 대해 어떻게 생각하는지 말해 보세요.

❸ 가지를 훔친 여성에 대해 무슨 생각이 드는지 말해 보세요.

❹ 농부가 가지를 훔친 여성에게 취한 행동을 찬성하는지, 혹은 반대하는지 조별로 토론하고 그 토론 결과를 적어 봅시다.

찬성	반대

인터넷에서 茄子畑에 관련한 자료를 검색해 봅시다.

- 地域の伝統野菜 次世代へ　読売新聞-2017/04/02
- 全国の支援学校とあなたに贈りたい「幸せの青い花」。強さとやさしさ、癒 …
- 秋田魁新報-2017/03/29
- Koji Tamaki 玉置浩二 青い なす 畑 - YouTube(2015/04/17)
- 茄子畑-ニコニコミュニティ(2015/10/12)
- にんにく屋のおやじのブログ » Blog Archive » 自宅の茄子畑 - 片山食品 (2017.04.04.)
- 茄子畑の写真・イラスト素材-ペイレスイメージズ(2017.04.04.)
- Let's party! 旬の畑から届く秋の茄子でおもてなし料理！| 畑から届ける旬の …(2015.09.30.)

- 旬茄の泉州特産水茄子畑からレポート。水なすの良い花や樹の特徴も … (2014.10.30.)
- 端唄「茄子とかぼちゃ」h26 1 3 – YouTube(2014.01.03.)
- 家庭菜園 畑 かぼちゃ ナス トマト ばあちゃん家 ＾^- YouTube(2014.08.25.)
- アジカンが農地ボランティア参加、祖父が農家の後藤は手際良くミュージックヴォイス-2016/07/15
- 夏野菜のドン?! なすのポリフェノール「ナスニン」がすごい！tenki.jp-2016/07/15
- 木になったままのナスを糠漬けにしてみました。デイリーポータルZ-2012/09/06
- 有機野菜農家のホマレ姉さんがオススメする「夏野菜」のお手軽レシピ集 RECRUIT LIFESTYLE CO., LTD. (ブログ)-2016/08/04
- 【夢占い】吉凶を占う！野菜や海草にまつわる夢４つ　ウーマンエキサイト-2016/07/12
- こうち密着ウォッチ[8]知られざる時 ショウガ農家に全国から助っ人 高知新聞-2016/11/26
- 人工知能がかなわない、日本の熟練農家　ITpro-2017/02/08
- 住み続けられる集落に 豪雨きっかけに再生図る過疎の奈良・十津川村産経ニュース-2016/09/03
- 親子で畑仕事を体験！話題の「農業テーマパーク」5選　R25-2016/08/22
- 「いっぱいお日さまを浴びて」幻の"鳥飼ナス"普及へ 大阪・摂津市で作付け産経ニュース-2015/05/06
- 秋の味、新栗 ほんのり自然な甘さ、しっとりほくほく　日本経済新聞-2016/09/27

Episode 5

心と手(1917年)

O・ヘンリ(1862年～1910年) 作
きくドラ 脚色

　ここは東部に向かう急行列車。旅人たちの期待と興奮を乗せはるか東、リーブンワースへと向かっています。しかし、その乗客のなかに実に奇妙な腕輪をした二人の女性がいました。

　「君はイーストン? イーストンじゃないか。久しぶりだね。ずっと会いたかったんだよ」「あんた、フェア・チャイルド、フェア・チャイルドじゃないか。あ、なんて偶然なんだい?」「おや、イーストン、君のその右腕」イーストンが右手につけている、鈍い光の腕輪それはなんと手錠でした。そしてそのもう片方にはいかにもけちでずる賢そうな中年の女がつながれています。

　「これはこれは旦那。あんた、この刑事さんの知り合いかい? そりゃちょうどよかった。すまないけど手錠外すよう頼んじゃくれないかい。刑務所までこのままじゃ車内食も食えないよ。ハハハ」

　「へえ、これは驚いた。君は刑事になったのかい」「ま、まあね。でもまあ、刑事なんて色気のない仕事さ。秘書みたいに、高級なもんじゃないよ。ねえ、フェア・チャイルド」

　「違うよ。イーストン。あの秘書とは本当に何もなかったんだ。君も知っているだろう。どうか、そのことは忘れてくれ。ぼくは君を…。や、でも君は変わったね。ハア、昔の仲間が見たらきっと腰を抜かすよ」「全くだね。あの頃は楽しかったよ。ずいぶん無茶もしたっけ。でも、あんたはやさしかった」「なあ、イーストン。また会えないか」「そうだね。でも、すぐには無理だよ。仕事もあるしね」「イーストン、ぼくは…」

「オット、旦那。お熱いところすまないけど、ねえ、刑事さん。あたい今日はまだ一本も煙草吸ってねぇんだ。後生だから喫煙所に連れて行っておくれよ。匂いだけでもいいからさ、ねえ、ねえ」「フェア・チャイルド、見てのとおりさ。お勤めの前くらい、言うことを聞いてやりたいからね。なんせ、懲役7年だ。すまないけど失礼するよ」「君は東部に行ってしまうんだね」「ええ、どうしても…」「会いに行ってもいいかな」「そうだね。会えそうになったらこっちから連絡するよ」「きっと待っているよ。イーストン」「ありがとう。フェア・チャイルド」

　腕輪でつながれた二人は喫煙車両へと去って行きました。フェア・チャイルドはその背中をいつまでも見送っています。そしてある夫婦がその一部始終を見て言いました。「ねえ、なかなか切ない二人じゃない? きっと素敵な思い出があるのねぇ」「あ、あの女刑事、なかなか粋なことをするじゃないか」「ええ? そうかしら。確かに仕事熱心だと思うけど、まだ若いんだから、こんな時くらい仕事を忘れればいいのに…」「え? 若いだって? 何を言ってるんだ。そうか。君には分からなかったのか。いいかい? あの手錠を思い出してごらん。刑事が右手に手錠をするわけないだろう。あれはつまりあべこべを演じていたのさ」

　ここは東部に向かう急行列車。旅人たちの期待と興奮、そしていくつかの悲哀を乗せ、はるか東リーブンワースへと向かっています。

〈終り〉

5-1

　ここは / 東部に向かう急行列車。旅人たちの / 期待と興奮を乗せ / はるか東、/ リーブンワースへと向かっています。しかし、その乗客のなかに / 実に奇妙な腕輪をした / 二人の女性がいました。

　「君は / イーストン? イーストンじゃないか。久しぶりだね。ずっと / 会いたかったんだよ」「あんた、フェア・チャイルド、フェア・チャイルドじゃないか。あ、なんて偶然なんだい?」「おや、イーストン、君のその右腕」イーストンが右手につけている、鈍い光の腕輪 / それはなんと / 手錠でした。そして / そのもう片方には / いかにもけちで / ずる賢そうな / 中年の女がつながれています。

　「これはこれは旦那。あんた、この刑事さんの知り合いかい? そりゃちょうどよかった。すまないけど手錠外すよう頼んじゃくれないかい。刑務所までこのままじゃ / 車内食も食えないよ。ハハハ」

・・・

5-2

　「へえ、これは驚いた。君は / 刑事になったのかい」「ま、まあ
ね。でもまあ、刑事なんて / 色気のない仕事さ。秘書みたいに、高
級なもんじゃないよ。ねえ、フェア・チャイルド」

　「違うよ、イーストン。あの秘書とは本当に何もなかったんだ。
君も知っているだろう。どうか、そのことは忘れてくれ。ぼくは君
を…。や、でも / 君は変わったね。ハア、昔の仲間が見たら / きっ
と腰を抜かすよ」「全くだね。あの頃は楽しかったよ。ずいぶん無茶
もしたっけ。でも、あんたはやさしかった」「なあ、イーストン。ま
た会えないか」「そうだね。でも、すぐには無理だよ。仕事も / ある
しね」「イーストン、ぼくは…」

● ● ●

　「オット、旦那。お熱いところすまないけど / ねえ / 刑事さん。あたい今日はまだ一本も煙草吸ってねぇんだ。後生だから喫煙所に連れて行っておくれよ。匂いだけでもいいからさ、ねえ、ねえ」「フェア・チャイルド、見てのとおりさ。お勤めの前くらい、言うことを聞いてやりたいからね。なんせ、懲役7年だ。すまないけど / 失礼するよ」「君は / 東部に行ってしまうんだね」「ええ、どうしても…」「会いに行っても / いいかな」「そうだね。会えそうになったら / こっちから連絡するよ」「きっと / 待っているよ、イーストン」「ありがとう、フェア・チャイルド」

　腕輪でつながれた二人は / 喫煙車両へと去って行きました。フェア・チャイルドは / その背中を / いつまでも見送っています。そして / ある夫婦が / その一部始終を見て言いました。「ねえ、なかなか切ない二人じゃない? きっと / 素敵な思い出があるのねぇ」「あ、あの女刑事、なかなか粋なことをするじゃないか」「ええ? そうかしら。確かに仕事熱心だと思うけど、まだ若いんだから、こんな時くらい仕事を忘れればいいのに…」「え? 若いだって? 何を言ってるんだ。そうか。君には分からなかったのか。いいかい? あの手錠を思い出してごらん。刑事が / 右手に手錠をするわけないだろう。あれはつまり / あべこべを演じていたのさ」

　ここは / 東部に向かう急行列車。旅人たちの期待と興奮、そして/いくつかの悲哀を乗せ、はるか東 / リーブンワースへと / 向かっています。

86

❶ 急行列車はどこへ向かっていましたか。

....

❷ 急行列車の中にはどんな人たちが乗っていましたか。

....

❸ 女の主人公の名前は何ですか。

....

❹ 男の主人公の名前は何ですか。

....

❺ 女の主人公は右手に何をつけていましたか。

....

❻ 女の主人公は昔どんな仕事をしていましたか。

....

❼ 女の主人公は昔の男の主人公のことをどう思っていますか。

....

❽ 年寄りの女性はどこへ連れて行ってくれと言いましたか。

....

❾ 結局、女刑事は誰でしたか。

....

❿ この話を聞いて何を感じましたか。

....

아래의 일본어 문장의 내용이 본문 내용과 일치하면 ○를,
일치하지 않으면 X를 기입하세요.

❶ ここは東部に向かう急行列車。旅人たちの期待と興奮
を乗せはるか東、ワシントンへと向かっています。 ‥ ☐

❷ しかし、その乗客のなかに実に奇妙な腕輪をした二人
の女性がいました。 ‥ ☐

❸ そしてそのもう片方にはいかにもけちでずる賢そうな
若い女がつながれています。 ‥ ☐

❹ イーストンが左手につけている、鈍い光の腕輪それは
なんと手錠でした。 ‥ ☐

❺ 全くだね。あの頃は嬉しかったよ。ずいぶん無茶もし
たっけ。でも、あんたはやさしかった。 ‥ ☐

❻ お勤めの前くらい、言うことを聞いてやりたいから
ね。なんせ、懲役8年だ。 ‥ ☐

❼ 腕輪でつながれた二人は休憩車両へと去って行きまし
た。 ‥ ☐

❽ 刑事が左手に手錠をするわけないだろう。あれはつま
りあべこべを演じていたのさ。 ‥ ☐

일본어로 대화합시다.

❶ 오랜만에 반가운 친구를 만났을 때, 당신이 취할 행동을 구체적으로 말해 봅시다.

❷ 그 친구의 직업이 경찰이나 형사라는 사실을 알았을 때 어떠한 행동을 취할지를 구체적으로 말해 봅시다.

❸ 당신의 지인이나 가족이 담배를 피울 때, 어떻게 충고할지 구체적으로 말해 보세요.

❹ 당신의 지인이 징역형을 선고받아 감옥에 가게 되었다면 그 사람에게 무슨 말을 어떻게 하겠습니까?

❺ 당신의 애인이 7년의 징역형을 선고받아 감옥에 수감되었습니다. 기다린다는 의견에 찬성하는지, 혹은 반대하는지 조별로 토론하고 결과를 적어 봅시다.

찬성	반대

인터넷에서 心と手에 관련한 자료를 검색해 봅시다.

- 心と手 - オー・ヘンリー：Egoistic Romanticist(2017.04.04.)
- 「"心と手"」に関連した英語例文の一覧 -Weblio英語例文検索(2017.04.04.)
- 英英Q挑戦編：O・ヘンリー "心と手" より - 英語クイズストリート - WakWak(2017.04.04.)
- 心と手を貸してください | 公益社団法人横浜市身体障害者団体連合会(2017.04.04.)
- O・ヘンリ「心と手」を脚本化し、演じてみる - YouTube(2015.02.14.)
- 心と手をつなご会-Area Welfare Project- - オフィスホームページサービス2017.04.04.)
- やっぱりO・ヘンリは素晴らしいなあ：Gear Blog(2017.04.04.)
- 教皇、イタリア中部地震の被災者らとお会いに「皆の心と手で復興を...(2017.01.05.)
- 心と体で学ぶ、人生にとって大切なこと/　雛形-2017/03/16
- 〈こころの居場所〉家族も包括的にケア/　河北新報-2017/04/01
- 大舞台をやり遂げて、気持ち軽く笑いあえたステージ -「THE IDOLM ...マイナビニュース (2017/04/02)
- 「手が冷たい人」調査で心が温かい傾向！意外なコミュ障との関連もエキサイトニュース (2017/03/26)
- 「大聖堂」にコンピューターの未来を見た ITがもたらす新しい中世と心の...WIRED.jp(2017/04/01)
- 時間思い通りに使えてる？ いま一番大切にしたいのは？【意識調査】MYLOHAS (登録)(2017/03/28)
- 渡辺直美、子供たちの前で歌を披露し、照れ笑い！『映画 きかんしゃ ...エキサイトニュース (2017/04/02)
- 心と身体を徹底的に癒す！週末にお家でやりたい「セルフ美容メニュー」5つウーマンエキサイト (2017/03/11)
- 包まれる、満たされる、ずっと着ていたいパジャマを手に入れるMYLOHAS(登録)(2017/03/26)
- ベッキーがインスタを通して迷い犬を助ける！「素敵な対応」と称賛の声耳マン(2017/03/30)
- 教皇、イタリア中部地震の被災者らとお会いに「皆の心と手で復興を」バチカン放送局(2017/01/05)

Episode 6

アラカルトの春(1904年)

O・ヘンリ(1862年〜1910年) 作
きくドラ 脚色

아는 단어(혹은 모르는 단어)를
체크하면서 이하의 문장을 들어 봅시다.

　　ここはニューヨーク。ある日の午後、タイピストのサラは下
の階のレストランの主人に頼まれ、春のメニューを作っていまし
た。「ああ、もう春なのね」壁のカレンダーは今日から三月を告げ
ていました。サラはタイプライターの前に座り窓の外をぼんやり
眺めています。視線の先は摩天楼ではなくそのはるか向こうの田
舎でした。
　　「はあ、ウォルター。愛しいウォルター・フランクリン。あなた
から手紙が届かなくなってもう二週間になるわ。ウォルター・フラ
ンクリンは郊外に住むサラの恋人です。サラは去年旅行先で彼と恋
に落ちたのでした。「サラ。君の髪には黄色い花がよく似合う。さあ
姫、この冠をお受けください」「まあ、ウォルター。嬉しいわ。私、初
めてよ。タンポポの冠なんて」「サラ、ぼくと結婚してください。来
年の春、きっとニューヨークに迎えに行きます」その時、ウォルタ
ーの青く大きな瞳に映っていたのはただ一人、サラだけでした。サ
ラは思わず歓喜して叫びました。「ええ、いいわ。ウォルター、よろ
こんで。さあ、私にキスをしてちょうだい」

　「オーイ、サラ、にぎやかだがメニューはまだか?」しかし、あの誓いはどこへやらここ二週間というものの、ウォルターからの手紙がパッタリと途絶えてしまったのです。「おいおい、サラ。頼むから今日中にメニューをあげてくれよ」サラは渋々タイプライターを打ち始めました。心の中でウォルターと過ごした日々をなぞりながら。

　「トマトと、モッツァレラチーズのカプレーゼ、サーモンのコンフィ、豚のブリエ、はるこんのリゾット、春の田舎風テリーヌ、ハア。それからえーっと、ゆで卵付きの、まあ、ゆで卵付きのタンポポのサラダ?」サラは思わず壁にかけたタンポポの冠を見ました。「ああ、ウォルター。あなたは一体どこにいるの? もう春はそこまで来ているのよ」

　その時、サラの目の前には金色に光り輝くタンポポ畑が広がりました。「サラ、来年の春が待ち遠しいよ。ぼくらきっと州一番の幸せ者になるんだ」「会いたいわ。愛しいウォルター・フランクリン」サラはメニューを作り終えて泣きました。タイプライター

に頭を落としすすり泣きに合わせてカタカタと音をさせながら。

　それから数日後、ジャック・フロストはすっかり去り、ニューヨーカーは春の装いをもって彼を見送りました。そしてサラの打ち込んだメニューがレストランに並んだその日のこと。「サラ。僕の愛しいお姫さま」「まあ、信じられない。ウォルターじゃないの?」「すっかり待たせてしまってすまない」「やっと来てくれたのね。今まで一体どこにいたの?」「やあ、まいったよ。ニューヨークってすっごく大きくて入り組んでるね。実は三週間前から来てたんだ。でも、君の部屋の住所が全然わからなくて面目ない」「まあ。じゃ、どうして今日私の部屋が分かったの?」「やあね、実はニューヨークに来てからろくなものを食べてなくてね。奮発して下のレストラン入ってみたんだよ。それでメニューを見てたらどうだい? ぼくはもうびっくりするやら嬉しいやらでひっくり返っちまったよ。それで店主に聞いたんだ。このメニューをタイプした人はどこだって?」「へえ、ちょっと待って。なぜ私がタイプしたってわかったの?」「このメニューをごらん!ほら、このタンポポ料

理の欄を…」サラはウォルターの指差した文字を見てトマトのように赤面しました。「ゆで卵付きの…。ああ、私ったらなんてことを…。ゆで卵付きの愛しいウォルター・フランクリン」

〈終り〉

문장을 읽고 번역을 합시다.

6-1

ここは / ニューヨーク。ある日の午後、タイピストのサラは / 下の階のレストランの主人に頼まれ、春のメニューを作っていました。「ああ、もう春なのね」壁のカレンダーは / 今日から三月を告げていました。サラは / タイプライターの前に座り / 窓の外をぼんやり眺めています。視線の先は / 摩天楼 / ではなく / そのはるか向こうの田舎でした。

「はあ、ウォルター、愛しい/ウォルター・フランクリン。あなたから手紙が届かなくなって / もう二週間になるわ。ウォルター・フランクリンは / 郊外に住むサラの恋人です。サラは / 去年旅行先で / 彼と恋に落ちたのでした。「サラ、君の髪には / 黄色い花がよく似合う。さあ姫、この冠を / お受けください」「まあ、ウォルター。嬉しいわ。私、初めてよ。タンポポの冠なんて」「サラ、ぼくと結婚してください。来年の春、きっとニューヨークに迎えに行きます」その時、ウォルターの / 青く / 大きな瞳に映っていたのは / ただ一人、サラだけでした。サラは思わず / 歓喜して叫びました。「ええ、いいわ。ウォルター、よろこんで。さあ / 私に / キスをしてちょうだい」

　「オーイ、サラ、にぎやかだが / メニューはまだか?」しかし、あの誓いはどこへやら / ここ二週間というものの、ウォルターからの手紙が / パッタリと途絶えてしまったのです。「おいおい、サラ。頼むから / 今日中にメニューをあげてくれよ」サラは/渋々 / タイプライターを打ち始めました。心の中で / ウォルターと過ごした日々をなぞりながら。

　「トマトと、モッツアレラチーズのカプレーゼ、サーモンのコンフィ、豚のブリエ、はるこんのリゾット、春の / 田舎風テリーヌ、ハア、それからえーっと、ゆで卵付きの、まあ、ゆで卵付きのタンポポのサラダ?」サラは思わず / 壁にかけたタンポポの冠を見ました。「ああ、ウォルター。あなたは一体 / どこにいるの? もう / 春はそこまで来ているのよ」

　その時、サラの目の前には / 金色に光り輝く / タンポポ畑が広がりました。「サラ、来年の春が待ち遠しいよ。ぼくらきっと / 州一番の幸せ者になるんだ」「会いたいわ。愛しい / ウォルター・フランクリン」サラは/ メニューを作り終えて泣きました。タイプライターに / 頭を落とし / すすり泣きに合わせて / カタカタと音をさせながら。

● ● ●

6-3

　それから数日後、ジャック・フロストはすっかり去り、ニューヨーカーは / 春の装いをもって / 彼を見送りました。そして / サラの打ち込んだメニューが / レストランに並んだその日のこと。「サラ。僕の愛しいお姫さま」「まあ、信じられない。ウォルターじゃないの?」「すっかり待たせてしまって / すまない」「やっと来てくれたのね。今まで一体 / どこにいたの?」「やあ、まいったよ。ニューヨークってすっごく大きくて入り組んでるね。実は / 三週間前から来てたんだ。でも、君の部屋の住所が全然わからなくて / 面目ない」「まあ、じゃ、どうして今日 / 私の部屋が分かったの?」「やあね、実はニューヨークに来てからろくなものを食べてなくてね。奮発して下のレストラン入ってみたんだよ。それで / メニューを見てたら / どうだい? ぼくはもう / びっくりするやら / 嬉しいやらでひっくり返っちまったよ。それで / 店主に聞いたんだ。このメニューをタイプした人はどこだって?」「へえ、ちょっと待って。なぜ / 私がタイプしたって / わかったの?」「このメニューをごらん! ほら、このタンポポ料理の欄を…。」サラは / ウォルターの指差した文字を見て / トマトのように赤面しました。「ゆで卵付きの…。ああ、私ったら / なんてことを…。ゆで卵付きの / 愛しいウォルター・フランクリン」

❶ サラはどこに住んでいますか。

....

❷ サラの仕事は何ですか。

....

❸ サラは何を作っていましたか。

....

❹ 壁のカレンダーは何月を告げていましたか。

....

❺ サラの恋人の名前は何ですか。

....

❻ 手紙が届かなくなってもう何週間になりましたか。

....

❼ サラはいつどこで今の恋人に出会いましたか。

....

❽ 恋人はサラといつ結婚することにしましたか。

....

❾ サラの恋人はサラの部屋の住所がわかりましたか。

....

❿ サラの恋人はどうやってサラの部屋がわかりましたか。

....

⓫ この話を聞いて何を感じましたか。

....

❶ ここはニューヨーク。ある日の午後、タイピストのサ
ラは下の階のレストランの主人に頼まれ、夏のメニュ
ーを作っていました。 　·· [　　　　]

❷ 壁のカレンダーは今日から四月を告げていました。　·· [　　　　]

❸ はあ、ウォルター、愛しいウォルター・フランクリ
ン。あなたから手紙が届かなくなってもう三週間にな
るわ。 　·· [　　　　]

❹ サラは思わず壁にかけたタンポポの冠を見ました。　·· [　　　　]

❺ サラの目の前には銀色に光り輝くタンポポ畑が広がり
ました。 　·· [　　　　]

❻ ニューヨークってすっごく大きくて入り組んでるね。
実は二週間前から来てたんだ。 　·· [　　　　]

❼ やあね、実はニューヨークに来てからろくなものを食
べてなくてね。奮発して下の食堂入ってみたんだよ。 ·· [　　　　]

❽ それで店主に聞いたんだ。このメニューをタイプした
人はどこだって? 　·· [　　　　]

❾ サラはウォルターの指差した文字を見てイチゴのよう
に赤面しました。 　·· [　　　　]

일본어로 대화합시다.

❶ 졸업해서 어떤 직업을 가지고 싶으며 그 이유가 무엇인지 구체적으로 말해 보세요.

❷ 사랑하는 사람(애인, 가족)이 1주일간 아무런 연락이 없으면 어떤 행동을 취할지 구체적으로 말해 보세요.

❸ 좋아하는 계절과 꽃이 무엇인지, 왜 그 계절과 꽃을 좋아하는지 말해 보세요.

❹ 아래의 사이트에 들어가서 일본어 질문에 일본어로 대답해 봅시다. 〈なんでも鑑定団〉 with2.net/nandemo/marry.html

❺ 결혼을 반드시 해야 한다는 의견에 찬성하는지, 혹은 반대하는지 조별로 토론하고 그 토론 결과를 적어봅시다.

찬성	반대

인터넷에서 アラカルトの春에 관련한 자료를 검색해 봅시다.

- 「開業20周年記念 紳士淑女のためのラグジュアリー・ビアガーデン」限定...時事通信-19(2017.04.04.)
- プロが教える 本当においしい東京のホテルランチ５選 フードジャーナリスト... 日本経済新聞-2017/03/27
- スイーツ、ランチ、カクテル!セント レジスからサクラ色の春メニュー登場ORICON NEWS-2017/03/13
- 春の限定メニュー！EGGS 'N THINGSにイースターパンケーキが登場！asoview!NEWS-2017/03/31
- 東京の夜景を一望 春のデートは【レガート】で Monthly Course販売開始... 時事通信-2017/03/22
- アニエスベーとのコラボ企画も！リサとガスパールに会いに行こうウオーカープラス-2017/03/30
- SUNDAY'S BAKE RIVER GARDENは、天井が高く広々とした一軒家... ORICON NEWS-2017/03/31
- 不思議の国でフォトジェニックなカラフルメニューが楽しめる！『アリスの …時事通信-2017/03/21
- 店内でお花見気分！桜鯛、桜フィレ肉、桜海老や桜リキュールまで「桜... PR TIMES (プレスリリース)-2017/03/08
- 大阪＆名古屋の女性へ贈る「アリスレストラン」のイースター！「カラフル...ORICON NEWS-2017/03/31
- 都心のオアシス 北大で自然と歴史を感じよう! ORICON NEWS-2017/03/27
- 『東海三県フェア〜地場の美味しい食材を食べつくそう！〜』開催 地産地... 時事通信-2017/03/14
- 地元民に人気なんです! 函館のハイカラカフェとは？ ORICON NEWS-2017/03/16
- 【京都4大桜名所】約2kmの桜トンネルにカフェも充実!歩くのが楽しい「岡崎」ORICON NEWS-2017/03/17
- ANAクラウンプラザホテル福岡のレストランがリニューアル! ORICON NEWS-2017/03/10
- 北海道産食材&絶景ビューも! 小樽のオススメ洋食店3選 ORICON NEWS-2017/03/19

Episode 7

百合の花(1906年)

小川未明(1882年〜1961年) 作
きくドラ 脚色

　「これ太郎、どこにいる? お前はまたうちの勇を泣かせました
ね。太郎。さあ、あたしがお前さんを苛めてあげるからおいでなさ
い」太郎はこの村一番の腕白者で餓鬼大将であります。萩原の勇とい
うのが友だちの中で一番弱いから弱虫、弱虫と言ってよく泣かせて帰
します。するとすぐにおばあさんが目玉を光らせて太郎のほっぺをつ
ねったりするので、勇を泣かせるとすぐに逃げ帰るのでした。

　「へへえ、これで独楽合戦の無敗記録更新だ。さて、次は誰がかか
ってくるのかな…。お?」「ぎんこーい、ぎんこーい。」「ハハ、あれは勇
の声だ。次の獲物はあいつで決まりだ」「ヤーイ、勇さんよ。ぼくと独
楽を回さないか。ぼくが今度ぎんやんまをとったらあげるから。今日は
独楽を回そうぜ」「本当にくれるかい?」「それはきっとあげるさ」「い
つ?」「あした」「何時に?」「朝あげるよ」「でも、また独楽割られるか
らいやだ」「ゆ、勇さん。この間割ったのは堪忍しておくれ。今日はきっ
と割らんから」「でも、力を入れて打つんだもの」「力を入れないか
ら…」「おばあちゃんが買ってくれたんだもの」「ええ?おばあさんが買
ってくれたの?」「あ、もう割っていけんて。今度割るとわしが叱られ
るもの」「ウンもう割らないから。なあ、ぼくはもう割らんよ」

　勇は新しい軽そうな木独楽を持ってきました。それに比べると太郎
のは厚い鉄の銅がはまっていてなかなか重たい独楽であります。「太郎

さん。割るんでないよ。さあ、手をお出し」勇と太郎は互いに手を握り合って約束をしました。太郎はなるたけ軽く回しますと、勇は思い切って力を入れて太郎の独楽を打ちますからいつも太郎は負けてばかりいます。「フフフ、太郎さん。私の独楽は強いだろう」「強くないわい」「君は軽く回すんだよ。だってこっちは木独楽だもの」太郎は言うなりになって軽く回しましたが、勇は力を入れて打ちますから、勢いあまって太郎の独楽は溝のなかに飛び込みました。悔しさからもはや太郎は約束のことなど忘れて白い木独楽を思う存分に打ち込んだから見事に真っ二つに勇の独楽は割れて飛んで行ってしまいました。「ああ、ぼくの独楽が、あ、あ、あーん」「お、おーい。悪かったよ。ちょっとまじになっちゃって。はあ、やべぇ。萩原の婆だ。やあ、明日ぎんやんま捕まえて持ってくっから、じゃあなあ」

　「ハ、ハフ、ヘ、ヘ、ヘ、ヘ、ヘ、ヘ。もうここなら大丈夫だろう」「何してるの、太郎ちゃん」「お花ちゃんか。はあ、お花ちゃん。近くで萩原のおばあさん見たかい?」「ああ、見たわ。大層怒ってたよ。太郎さんを探していたわ」「へえ、萩原の梅干婆なんか誰が恐れるもんか」

　「へへへへ、ハア、太郎さん、ごらん!清水の中に何か光ったもの

があったよ」「わあ、何だろう。ぼくがとってあげるよ」「お、どこだ?全然見えないな」「私もやってみる」花ちゃんも手を入れて二人でかき回しましたけれどもついにとることができませんでした。「何でしょうね。太郎さん」「何だろう。お花ちゃん。エイン、エイ、この独楽を投げてやれ」太郎が独楽を水面に投げ込むとたちまち美しい五色の糸でかがった手まりが三つ浮かんだのであります。花ちゃんは喜んで拾い上げて「まあ、美しい手まりだこと。ねえ、太郎さん。あたいにおくれでないの?」「みんなあげるよ。ウン、ぼくの独楽はどこへ行ったんだか」

　結局、独楽は見つからずそのうちに時間もだいぶ経ちまして「太郎さん。あたいも萩原のおばあさんにおわびをしてあげるからもう帰りましょうね」「花ちゃんも一緒に? ばあさん許してくれればいいけどお花ちゃん。晩になって暗くなるまでここにいておくれでないか」「でも、お母さんが心配するもの」「いやかい?」「ウン」「お花ちゃん。いやなのかい」花ちゃんは黙ったままうなづき返すと、「いやなら、そのまりみんな返せ。苛めてやるぞ」「ウーウン、ウーウン」

　　二人がそうやって押し問答をしているうちに大空には真珠のような光る星影が輝いていました。そしてその影が水に映ってじっと

見つめていると花ちゃんのお母さんの顔になったかと思えば太郎には萩原のおばあさんの顔に見えました。「はあ、お母さん。あれ、おばあさんも見える」「ゲー、萩原の婆、しかも勇まで、なんで泣いてやがんだ」わあ、あれ。今度は太郎と花ちゃんの二人の顔がそこに並んで現われたのであります。

　この時、二人は思わず前に進み出てその泉のなかをのぞきました。「あれ?独楽が見える」「あれあれ、二人の顔が映ったよ」「お花ちゃん、水の中へ入ってみようよ」二人は手をとりあって、小さな清水の中に入りました。すると、底が浅かったはずの清水はみるみる深く深く広く広くなって二人の姿はどこかへ沈んでしまいました。

　あくる日、そこへ行ってみると栗の木の下には清水もなければその跡にただ2本の美しい百合の花が咲き乱れていたのであります。

＜終り＞

7-1

「これ太郎、どこにいる？ お前はまたうちの勇を泣かせました
ね。太郎。さあ、あたしがお前さんを苛めてあげるから / おいでな
さい」太郎は / この村一番の腕白者で / 餓鬼大将であります。萩原
の勇というのが / 友だちの中で一番弱いから / 弱虫 / 弱虫と言って /
よく泣かせて帰します。するとすぐにおばあさんが / 目玉を光らせ
て / 太郎のほっぺをつねったりするので、勇を泣かせると / すぐに
逃げ帰るのでした。

「へへえ、これで / 独楽合戦の無敗記録更新だ。さて、次は誰が
かかってくるのかな…。お?」「ぎんこーい、ぎんこーい。」「ハハ、あ
れは勇の声だ。次の獲物は / あいつで決まりだ」「ヤーイ、勇さん
よ。ぼくと独楽を回さないか。ぼくが今度ぎんやんまをとったらあ
げるから。今日は独楽を回そうぜ」「本当にくれるかい?」「それは
/ きっとあげるさ」「いつ?」「あした」「何時に?」「朝あげるよ」「で
も、また独楽割られるからいやだ」「ゆ、勇さん。この間割ったのは
/ 堪忍しておくれ。今日はきっと割らんから」「でも、力を入れて打
つんだもの」「力を入れないから…」「おばあちゃんが買ってくれた
んだもの」「ええ? おばあさんが / 買ってくれたの?」「あ、もう割っ
ていけんて。今度割ると / わしが叱られるもの」「ウンもう / 割らな
いから。なあ、ぼくはもう割らんよ」

　勇は / 新しい / 軽そうな木独楽を持ってきました。それに比べると / 太郎のは / 厚い鉄の銅がはまっていて / なかなか重たい独楽であります。「太郎さん。割るんでないよ。さあ、手をお出し」勇と太郎は / 互いに手を握り合って / 約束をしました。太郎はなるたけ軽く回しますと、勇は思い切って力を入れて / 太郎の独楽を打ちますから / いつも太郎は / 負けてばかりいます。「フフフ、太郎さん。私の独楽は強いだろう」「強くないわい」「君は軽く回すんだよ。だってこっちは / 木独楽だもの」太郎は言うなりになって軽く回しましたが、勇は力を入れて打ちますから、勢いあまって太郎の独楽は / 溝のなかに飛び込みました。悔しさから / もはや太郎は / 約束のことなど忘れて / 白い木独楽を / 思う存分に打ち込んだから / 見事に真っ二つに勇の独楽は / 割れて飛んで行ってしまいました。「ああ、ぼくの独楽が、あ、あ、あーん」「お、おーい。悪かったよ。ちょっとまじになっちゃって。はあ、やべぇ。萩原の婆だ。やあ、明日ぎんやんま捕まえて持ってくっから、じゃあなあ」

「ハ、ハフ、へ、へ、へ、へ、へ、へ。もう / ここなら / 大丈夫だろう」「何してるの、太郎ちゃん」「お花ちゃんか。はあ、お花ちゃん。近くで / 萩原のおばあさん見たかい?」「ああ、見たわ。大層怒ってたよ。太郎さんを / 探していたわ」「へえ、萩原の梅干婆なんか / 誰が恐れるもんか」

「へへへ、ハア、太郎さん、ごらん! 清水の中に何か光ったものがあったよ」「わあ、何だろう。ぼくがとってあげるよ」「お、どこだ?全然見えないな」「私もやってみる」花ちゃんも手を入れて / 二人でかき回しましたけれども / ついにとることができませんでした。「何でしょうね。太郎さん」「何だろう。お花ちゃん。エイン、エイ / この独楽を投げてやれ」太郎が独楽を / 水面に投げ込むと / たちまち / 美しい五色の糸でかがった / 手まりが三つ / 浮かんだのであります。花ちゃんは喜んで拾い上げて / 「まあ、美しい手まりだこと。ねえ、太郎さん。あたいにおくれでないの?」「みんなあげるよ。ウン、ぼくの独楽はどこへ行ったんだか」

結局、独楽は見つからず / そのうちに時間もだいぶ経ちまして / 「太郎さん。あたいも / 萩原のおばあさんにおわびをしてあげるから / もう帰りましょうね」「花ちゃんも一緒に? ばあさん許してくれればいいけど / お花ちゃん。晩になって暗くなるまでここにいておくれでないか」「でも、お母さんが心配するもの」「いやかい?」「ウン」「お花ちゃん。いやなのかい」花ちゃんは / 黙ったまま / うなづき返すと / 「いやなら、そのまりみんな返せ。苛めてやるぞ」「ウーウン、ウーウン」

　二人がそうやって / 押し問答をしているうちに / 大空には真珠のような光る星影が輝いていました。そしてその影が / 水に映って / じっと見つめていると / 花ちゃんのお母さんの顔になったかと思えば / 太郎には / 萩原のおばあさんの顔に見えました。「はあ、お母さん。あれ、おばあさんも見える」「ゲー、萩原の婆、しかも勇まで、なんで泣いてやがんだ」わあ、あれ。今度は / 太郎と花ちゃんの二人の顔が / そこに並んで現われたのであります。

　この時、二人は思わず前に進み出て / その泉のなかをのぞきました。「あれ? 独楽が見える」「あれあれ、二人の顔が映ったよ」「お花ちゃん、水の中へ入ってみようよ」二人は手をとりあって、小さな清水の中に入りました。すると、底が浅かったはずの清水は / みるみる深く深く / 広く広くなって / 二人の姿は / どこかへ沈んでしまいました。

　あくる日、そこへ行ってみると / 栗の木の下には / 清水もなければ / その跡に / ただ2本の美しい百合の花が / 咲き乱れていたのであります。

● ● ●

❶ 主人公の名前は何ですか。女の子ですか、男の子ですか。

----

❷ 主人公は村一番の何者ですか。

----

❸ 主人公は萩原の勇に何と言ってよく泣かせましたか。

----

❹ 主人公は勇と何をしましたか。

----

❺ 勇はどんな独楽をもっていましたか。

----

❻ 主人公の独楽はどんなものでしたか。

----

❼ 勇と主人公は何の約束をしましたか。

....

❽ 泣いている勇のところに誰が現れましたか。

....

❾ 逃げた主人公は誰に出会いましたか。

....

❿ 主人公が清水に独楽を投げ込むと何が浮かんできましたか。

....

⓫ 主人公と女の子は結局何になりましたか。

....

⓬ この話を聞いて何を感じましたか。

....

❶ 太郎はこの村一番の腕白者で餓鬼大将であります。　‥ [　　　　]

❷ 藤原の勇というのが友だちの中で一番弱いから弱虫、
　　弱虫と言ってよく泣かせて帰します。　　　　　　　‥ [　　　　]

❸ それに比べると太郎のは厚い鉄の銅がはまっていてな
　　かなか重たい独楽であります。　　　　　　　　　　‥ [　　　　]

❹ 太郎はなるたけ軽く回しますと、勇は思い切って力を
　　入れて太郎の独楽を打ちますからいつも太郎は負けて
　　ばかりいます。　　　　　　　　　　　　　　　　　‥ [　　　　]

❺ 太郎は言うなりになって軽く回しましたが、勇は力を
　　入れて打ちますから、勢いあまって太郎の独楽は川の
　　なかに飛び込みました。　　　　　　　　　　　　　‥ [　　　　]

❻ 太郎が独楽を水面に投げ込むとたちまち美しい五色の
糸でかがった手まりが三つ浮かんだのであります。 ‥ ☐

❼ 花ちゃんも手を入れて二人でかき回しましたけれども
ついにとることができませんでした。 ‥ ☐

❽ あたいも萩原のおばあさんにおわびをしてあげるから
もう帰りましょうね。 ‥ ☐

❾ ばあさん許してくれればいいけどお花ちゃん。夜にな
って暗くなるまでここにいておくれでないか。 ‥ ☐

❿ 二人がそうやって押し問答をしているうちに寒空には
真珠のような光る星影が輝いていました。 ‥ ☐

일본어로 대화합시다.

❶ 누군가가 다른 학생이나 동료를 괴롭히는 장면을 목격한 적이 있습니까? 그런 장면을 보고 무슨 생각을 했는지(하는지) 피해자와 가해자 양쪽의 시선으로 구체적으로 말해보세요.

❷ 만약 자신이 결혼해서 아이가 다른 사람에게 괴롭힘을 당하면 그 사람에게 그리고 자신의 아이에게 어떠한 행동을 취할지 말해 보세요.

❸ 자신이 직장에서 동료나 윗사람에게 성희롱이나 성추행을 당했을 때 어떠한 행동을 취할지 구체적으로 말해 보세요.

❹ 어린 시절에 친구들과 무슨 놀이를 많이 하면서 놀았는지, 그리고 특별히 기억이 나는 에피소드는 무엇인지 구체적으로 말해 보세요.

❺ 주인공 타로가 하나짱에게 늦게까지 같이 있어주지 않으면 준 공을 모두 돌려 달라고 하는데 자신이라면 어떻게 반응할지를 말해 보세요.

❻ 타로와 하나짱이 결국 백합이 된 사연에 대해 납득을 하는지, 혹은 납득을 못 하는지 그 이유를 조별로 토론하고 결과를 적어 봅시다.

납득	납득 불가

- 黒田投手の花絵も！世羅ゆり園で「春の花まつり」スタート 広島ニュース/食べタインジャー -2017/03/30
- 相武紗季と元宝塚・音花ゆりの美人姉妹ショットに反響「憧れます」「鼻...ねとらぼ-2017/03/21
- 【マリオのサッカーこぼれ話】百合 ヨーロッパの高貴さのシンボルスポーツ報知-2017/03/23
- 特産ユリでおもてなし/読売新聞-2017/03/29
- 「べっぴんさん」総括「ひよっこ」への期待を込めてみた　エキサイトニュース-19 (2017.04.04.)
- 関西を熱く盛り上げろ！FEST VAINQUEURが監修したセパレート浴衣...時事通信-2017/03/20
- 清水富美加＆飯豊まりえら「暗黒女子」“ネタバレ寸前”裏の顔が明らかにエキサイトニュース -2017/03/23
- 百合の花チャンネル -YouTube(2017.04.04.)
- 【三線】永良部百合の花-YouTube(2017.04.04.)
- 百合｜花言葉・由来・意味|LOVEGREEN(ラブグリーン)(2017.02.03.)
- 百合の花の写真素材-PIXTA(2017.02.03.)
- 【ユリの育て方】鉢植えで花をたくさん咲かせる方法！一気に24輪も咲きまし... (2017.04.04.)
- なぜ美人を芍薬・牡丹・百合にたとえるの？[暮らしの歳時記] All About (2017.04.04.)
- 可睡ゆりの園｜3万坪に広がる、世界150余品種のゆりの競演。静岡県...(2017.04.04.)
- ゆりの里公園 ユリーム春江｜公式ホームページ ホーム(2017.04.04.)
- 立てば芍薬座れば牡丹歩く姿は百合の花-故事ことわざ辞典 (2017.04.04.)
- 百合の花咲く高原 那須塩原-YouTube(2017.04.04.)
- エラブ百合の花 竿田 美也子-YouTube(2017.04.04.)
- ユリの品種展示会-YouTube(2017.04.04.)
- パプリカと牛肉のきんぴら/ エル・ア・ターブル-2017/03/04
- 花暦 夏の野に貴婦人のごとく凛と咲く花～「百合」dot.-2016/06/23
- 香港ならジョーシキ！寝室に“百合の花”を飾れば恋人ができる!! ハピズム-2012/11/30

Episode 8

桜の園(1903年)

チェーホフ(1860年〜1904年) 作
きくドラ 脚色

　わしの仕えていた屋敷の庭園はそりゃもう立派でなー。桜の園な
んて呼ばれてロシア有数の領地じゃった。しかし、あの農奴解放令か
ら数十年、貴族社会は斜陽を迎え商人どもが対等してきよった。その
上奥様の浪費癖のせいで、家はすっかり落ちぶれちまって。

　「いいですか奥様。そしてその兄上さま。お宅のお屋敷、そし
て桜の園、このままではすっかり借金のかたで競売に出てしまいま
す。しかしご心配はいりません。打つ手はあります。この美しい土
地を別荘地として貸し出すのです。切り売りすれば少なく見積もっ
ても年に二万は儲かるでしょう。ただまあ、あの古い桜の林は切り
払わねばなりませんが…」

　「まあー、ロパーヒンさん。あなた何もご存じないのね。この地
方ですばらしいものと言えばうちの桜の園だけですよ」「私も妹と同
意見だ。あの庭園は我が国の百科事典にも載っている」「しかし、そう
しなければすべて失うことになります。さあ、ご決断ください。そう
すればいくらでも金を出す人がいます」「けど、別荘だなんて。俗悪だ
わ。ねえ、兄さん」「ウン、商人らしい下種で強欲な発想だ」「何とで
もおっしゃい。ですが奥さま。これだけは言わせていただきたい。ど
うか、私目をご信用ください。私は確かに文字も読めない成り上がり
者だ。しかし、あなたを肉親のように、いえ、それ以上にお慕いして
います」

　「ロパーヒンさん」「うちは親父もおじいさんも代々あなたの家

の農奴でした。世が世なら私もそうです。ところが、あなたはほか
ならぬあなたという人はそのえも言われぬ、しみじみとした瞳で私
にやさしくしてくださった。だから私は一切を忘れ、ここに来てい
るのです」「まあ、私、嬉しくて気が違いそう。ねえ、笑ってちょ
うだい。私馬鹿なんですの。どうしてもお金を使わずにいられない
の。それに借金するしか能のない男ばかり好きになってしまう」

　「妹よ。自分を責めてはいけない」「でも、今日あの人から手
紙が届いたの。僕が悪かった。許してくれ、帰ってきてくれですっ
て。ねえ兄さん、あの人にはやっぱり私が必要なんですわ」「オーホ
ー、心清からなわが妹。失礼」「私はもうくたくたです」「いいです
か、お二人とも。このままでは、桜の園は競売に出ます。よくお考
えくださいね」「あ、行かないで。何か考えつくかもしれない」「氷
砂糖でも食べて落ち着こう」

　結局、ロパーヒンの説得も虚しく競売の日が来ちまった。その日
は奥さまの例の浪費癖が出ちまって金もねえのに屋敷で舞踏会を催し
た。娘のアーニャお嬢さまはお可哀想に気が気じゃございませんで。
「ママ。さっき誰かが桜の園は売れたって話していたわ」「まあアーニ
ャ、一体だれが買ったの?」「そこまでは分からなかったわ」

　「奥さま。ただいま競売から戻りました」「おー、ロパーヒン
君。待ちかねたぞ」「ロパーヒンさん、で、どうでしたの? 競売は?
さあ、話してちょうだい」「はあ、すいません。水を一杯いただけ

131

ますか」「ねえ、早く教えて、小姓だから…」「われわれは一体どう
なるんだ」「売れたの?桜の園は?」「売れました」「だれが買ったの?」
「私です。私が買いました」「今なんて?」「この私が買ったんです。
まんまと落としたんですよ。ハハハ、桜の園はもう私のものだ。ハ
ハハ、ああ、親父やじいさんが聞いたらどう思うだろう。あの農奴
のこせがらが字もろくすっぽけ書けない餓鬼が冬靴下もはけなかっ
た貧乏人が世界一美しい土地を買ったのだ。そこではじいさんも
ひじいさんも奴隷だった。その領地を私が? ハハハハ。おい、楽器
隊。さあ、やってくれ。新しいご主人の命令だ」「ロパーヒンさん」
「フフフ、フフフ、私の大事な奥さま。なぜ忠告を聞かなかったので
す。お気の毒ですが、もう取り返しがつきません。オイーどうした
んだ楽器隊。しっかりやらんか」

　　そして邸はロパーヒンの手に渡っちまった。奥さま。兄上のガ
ーエフさま、それにアーニャお嬢さま。みんなどんなお気持ちで立
ち退きの日を迎えたのやら。「さあ、もう鍵をかけよう。いいね、二
人とも」「さようなら。懐かしい我が家。お前はもういなくなって
しまうのね」「ママ。やさしい私のママ。私ね、ママにお祝いを言
いたいの。桜の園は売られたわ。それは本当よ。でもママにはこれ
からがあるわ。清らかなその心が残っているもの。さあ、一緒に行
きましょう。私たちで新しい庭を作るの。これよりずっと立派なの
をね。そしたらきっとにっこりお笑いになるわ。ねえ、大事なママ」

「ああ、アーニャ。二つのダイヤみたいにお前の瞳は輝いている。そうね。私、新しい暮らしを始めるわ」

「へえ、これで万事。めでたし、めでたしだ」「こうしてきっぱり決着するとかえって陽気になるものだな。私は銀行に勤めることになったよ。これから一端の財政家だ」「私は学校でたくさん勉強するわ。それからママの暮らしを助けるの。そしたらママ。一緒にいろんな本を読みましょうね」「ああ、私の大事な娘」「さあ、行こう。もうこの邸ともお別れだ。では、敬愛するわが家の精霊たちよ。今汝らに大いなる感謝と永遠の別れを告げよう」「さようなら。大好きなお部屋、古い生活、そしてようこそ。新しい生活」「ああ、愛しい家、美しい庭、私の青春、私の幸福、さようなら。さようなら」

どうやらみんな行っちまったようだ。わしが残っていることも忘れてな。エヘヘヘ、思ったより楽しそうじゃったな。だが、この老いぼれにゃ、もう行くところなどありやしねえ。どれ一つ、横になるか。わしはこの家に70年以上仕えてきた。あの賑やかだったお邸はもうぬけの殻だ。聞こえるのは桜に斧を打ち込む音だけ。やれやれ、お互い長生きしたもんだ。ハア、まるで生きた覚えがねえくらいに。全くこのできそこねえ目が…。

<終り>

8-1

　わしの仕えていた屋敷の庭園は / そりゃもう / 立派でなー。桜の園 / なんて呼ばれて / ロシア有数の領地じゃった。しかし、あの農奴解放令から数十年、貴族社会は斜陽を迎え / 商人どもが対等してきよった。その上 / 奥様の浪費癖のせいで、家はすっかり / 落ちぶれちまって。

　「いいですか奥様。そしてその兄上さま。お宅のお屋敷、そして桜の園、このままではすっかり / 借金のかたで競売に出てしまいます。しかしご心配はいりません。打つ手はあります。この美しい土地を / 別荘地として貸し出すのです。切り売りすれば / 少なく見積もっても / 年に二万は儲かるでしょう。ただまあ、あの古い / 桜の林は / 切り払わねばなりませんが…」

　「まあー、ロパーヒンさん。あなた何もご存じないのね。この地方ですばらしいものと言えば /うちの桜の園だけですよ」「私も妹と同意見だ。あの庭園は我が国の / 百科事典にも載っている」「しかし、そうしなければすべて失うことになります。さあ、ご決断ください。そうすれば / いくらでも金を出す人がいます」「けど、別荘だなんて。俗悪だわ。ねえ、兄さん」「ウン、商人らしい / 下種で / 強欲な発想だ」「何とでもおっしゃい。ですが奥さま、これだけは言わせていただきたい。どうか、私目をご信用ください。私は確かに / 文字も読めない / 成り上がり者だ。しかし、あなたを肉親のように、いえ、それ以上にお慕いしています」

　「ロパーヒンさん」「うちは親父もおじいさんも / 代々あなたの家の農奴でした。世が世なら / 私もそうです。ところが、あなたは /ほかならぬ / あなたという人は / そのえも言われぬ、しみじみとした瞳で / 私にやさしくしてくださった。だから私は一切を忘れ / ここに来ているのです」「まあ、私、嬉しくて気が違いそう。ねえ、笑ってちょうだい。私馬鹿なんですの。どうしても / お金を使わずにいられないの。それに / 借金するしか能のない男ばかり好きになってしまう」

　「妹よ。自分を責めてはいけない」「でも、今日あの人から手紙が届いたの。僕が悪かった。許してくれ、帰ってきてくれですって。ねえ兄さん、あの人にはやっぱり私が必要なんですわ」「オーホー、心清からな / わが妹。失礼」「私はもう / くたくたです」「いいですか、お二人とも。このままでは、桜の園は競売に出ます。よく / お考えくださいね」「あ、行かないで。何か考えつくかもしれない」「氷砂糖でも食べて/落ち着こう」

136

結局、ロパーヒンの説得も虚しく／競売の日が来ちまった。その日は／奥さまの例の浪費癖が出ちまって／金もねえのに／屋敷で舞踏会を催した。娘のアーニャお嬢さまは／お可哀想に／気が気じゃございませんで。「ママ。さっき誰かが／桜の園は売れたって話していたわ」「まあアーニャ、一体だれが買ったの?」「そこまでは／分からなかったわ」

「奥さま。ただいま／競売から戻りました」「おー、ロパーヒン君。待ちかねたぞ」「ロパーヒンさん、で、どうでしたの? 競売は? さあ、話してちょうだい」「はあ、すいません。水を一杯いただけますか」「ねえ、早く教えて、小姓だから…」「われわれは一体／どうなるんだ」「売れたの? 桜の園は?」「売れました」「だれが買ったの?」「私です。私が／買いました」「今／なんて?」「この私が買ったんです。まんまと落としたんですよ。ハハハ、桜の園は／もう私のものだ。ハハハ、ああ、親父やじいさんが聞いたらどう思うだろう。あの農奴のこせがらが／字もろくすっぽけ書けない餓鬼が／冬靴下もはけなかった貧乏人が／世界一美しい土地を買ったのだ。そこでは／じいさんもひじいさんも奴隷だった。その領地を私が? ハハハハハハ。おい、楽器隊。さあ、やってくれ。新しいご主人の命令だ」「ロパーヒンさん」「フフフ、フフフ、私の大事な奥さま。なぜ忠告を聞かなかったのです。お気の毒ですが、もう取り返しがつきません。オイーどうしたんだ楽器隊。しっかりやらんか」

　そして / 邸はロパーヒンの手に渡っちまった。奥さま。兄上のガーエフさま、それに / アーニャお嬢さま。みんな / どんなお気持ちで / 立ち退きの日を迎えたのやら。「さあ、もう鍵をかけよう。いいね、二人とも」「さようなら。懐かしい我が家。お前はもう / いなくなってしまうのね」「ママ。やさしい私のママ。私ね、ママにお祝いを言いたいの。桜の園は売られたわ。それは本当よ。でもママには / これからがあるわ。清らかなその心が残っているもの。さあ、一緒に行きましょう。私たちで / 新しい庭を作るの。これよりずっと立派なのをね。そしたら / きっとにっこりお笑いになるわ。ねえ、大事なママ」「ああ、アーニャ。二つのダイヤみたいにお前の瞳は輝いている。そうね。私、新しい暮らしを始めるわ」

　「へえ、これで万事。めでたし、めでたしだ」「こうしてきっぱり決着すると / かえって陽気になるものだな。私は / 銀行に勤めることになったよ。これから一端の財政家だ」「私は / 学校でたくさん勉強するわ。それから / ママの暮らしを助けるの。そしたらママ。一緒にいろんな本を読みましょうね」「ああ、私の大事な娘」「さあ、行こう。もう / この邸とも / お別れだ。では、敬愛するわが家の精霊たちよ。今汝らに / 大いなる感謝と / 永遠の別れを告げよう」「さようなら。大好きなお部屋、古い生活、そして / ようこそ。新しい生活」「ああ、愛しい家、美しい庭、私の青春、私の幸福、さようなら。さようなら」

　どうやら / みんな行っちまったようだ。わしが残っていることも忘れてな。エヘヘヘ、思ったより / 楽しそうじゃったな。だが、この老いぼれにゃ、もう/行くところなどありやしねえ。どれ / 一つ、横になるか。わしは / この家に70年以上仕えてきた。あの賑やかだったお邸は / もうぬけの殻だ。聞こえるのは / 桜に斧を打ち込む音だけ。やれやれ、お互い / 長生きしたもんだ。ハア、まるで / 生きた覚えがねえくらいに。全く / この / できそこねえ目が…。

❶ 農奴解放令から数十年、貴族社会はどうなりましたか。

❷ 桜の園の家はどうしてすっかり落ちぶれてしまいましたか。

❸ ロパーヒンさんは邸を何として貸し出そうとしましたか。

❹ ロパーヒンさんはこの邸を切り売りすれば年にどれぐらい儲かると考えていますか。

❺ ロパーヒンさんは桜の林をどうしようと言っていますか。

❻ ロパーヒンさんは文字が読めますか。

❼ 奥さまは金もないのにどこで何をしましたか。

❽ 結局誰がこの邸を買いましたか。

❾ 奥さんのお兄さんはどこに勤めることになりましたか。

❿ 主人公はこの邸に何年以上仕えてきましたか。

⓫ この話を聞いて何を感じましたか。

❶ わしの仕えていた屋敷の庭園はそりゃもう立派でなー。
　桜の園なんて呼ばれてドイツ有数の領地じゃった。　　　·· ☐

❷ しかし、あの農奴解放令から数十年、貴族社会は斜陽
　を迎え商人どもが対等としてきよった。　　　　　　　·· ☐

❸ この美しい土地を休養地として貸し出すのです。切り
　売りすれば少なく見積もっても年に三万は儲かるでし
　ょう。　　　　　　　　　　　　　　　　　　　　　·· ☐

❹ 結局、ロパーヒンの説得も虚しく競売の日が来ちまっ
　た。　　　　　　　　　　　　　　　　　　　　　　·· ☐

❺ その日は奥さまの例の浪費癖が出ちまって金もねえの
　に屋敷で舞踏会を催した。　　　　　　　　　　　　·· ☐

❻ あの農奴のこせがらが字もろくすっぽけ書けない餓鬼
　が夏靴下もはけなかった貧乏人が世界一美しい土地を
　買ったのだ。　　　　　　　　　　　　　　　　　　·· ☐

❼ 清らかなその心が残っているもの。さあ、一緒に行き
　ましょう。私たちで新しい庭を作るの。　　　　　　·· ☐

❽ 私は学校に勤めることになったよ。これから一端の教
　員だ。　　　　　　　　　　　　　　　　　　　　　·· ☐

❾ では、敬愛するわが家の精霊たちよ。今汝らに大いな
　る感謝と永遠の別れを告げよう。　　　　　　　　　·· ☐

❿ わしはこの家に60年以上仕えてきた。あの賑やかだっ
　たお邸はもうぬけの殻だ。聞こえるのは桜に斧を打ち
　込む音だけ。　　　　　　　　　　　　　　　　　　·· ☐

일본어로 대화합시다.

❶ 장래 당신의 부인(남편)이나 자식이 낭비벽이 심하다면 그러한 행동에 대해 어떻게 대처할지 구체적으로 말해 보세요.

❷ 백과사전에도 실려 있는 벚꽃 정원을 별장으로 조성하기 위해 그곳의 벚나무를 모두 베어낸다는 소식에 어떻게 대처할지 구체적으로 말해 보세요.

❸ 헤어진 이성으로부터 다시 시작하자, 내가 잘못했다고 연락이 오면 어떤 행동을 취할지 구체적으로 말해 보세요.

❹ 부모님이 새로운 출발을 위해 살던 집을 떠나갈 때, 부모님에게 어떤 행동을 취할지 구체적으로 말해 보세요.

❺ 새로운 출발을 위해 정든 집을 뒤로 하고 떠나야 한다면 여러분은 어떤 각오를 다지면서 떠날 준비를 할지에 대해 구체적으로 말해 보세요.

❻ 얼굴은 잘 생겼으나 저축할 줄 모르고 쓸 줄만 아는 남성(여성)과 결혼하겠다는 지인이나 가족의 결심에 찬성하는지, 혹은 반대하는지를 조별로 토론하고 그 토론 결과를 적어봅시다.

찬성	반대

인터넷에서 桜の園에 관련한 자료를 검색해 봅시다.

- 桜の園-Wikipedia(2017.04.04.)
- 櫻の園(漫画)-Wikipedia(2017.04.04.)
- 介護老人保健施設 桜の園-社会福祉法人 桜丘会(2017.04.04.)
- 新生会 桜の園-社会福祉法人 新生会(2017.04.04.)
- 桜の園|新国立劇場 演劇(2017.04.04.)
- 桜の園 あらすじ読書感想文の書き方(2017.04.04.)
- 桜の園/一葉-YouTube(2012.05.19.)
- 京都の桜名所・二条城で、「能」に着目したアートな花見イベント開催
- マイナビニュース-2017/03/22
- 渡辺淳一と原谷苑の桜 憧れた四季の移ろい、肌で感じ
- 朝日新聞-2017/03/30
- 世界遺産・二条城×ネイキッドが初コラボ！本物の桜を使った映像演出に ...ISUTA-2017/03/18
- 播磨中央公園『さくらまつり』加東市 KissPRESS-2017/03/15
- 劇団銅鑼が15日から「彼の町」を上演 チェーホフの短編で構成産経ニュース-2017/03/13
- 秘窯の里で初の桜まつり 陽光桜植樹、窯元展も/佐賀新聞-2017/03/21
- 市民交え クラシック・リーディング第１作「桜の園」29・30日、大阪・生野毎日新聞-2016/10/20
- ４月１日に日本民家園が開園５０周年 保存、外国人集客に注力/東京新聞-2017/03/29
- 桜の眺めに出合って 京都、八幡・背割堤「さくらであい館」開館京都新聞-2017/03/24
- 桜の香りの蜂蜜いかが 横手公園の花から探蜜／ 秋田魁新報-2017/03/28
- 『バットマン vs スーパーマン』ダイアン・レイン、舞台『桜の園』に出演決定！海外ドラマNAVI-2016/04/28
- 南足柄・アサヒビール神奈川工場 年間17万キロリットル、首都圏の供給...毎日新聞-2017/04/01
- 枚方出身監督による映画「話す犬を、放す」が本日3月25日より梅田にて ... 枚方つーしん(プレスリリース)(ブログ)-2017/03/24
- 掘り出し物あった？大陶器市にぎわう 万博公園、桜まつりも開幕産経ニュース-2017/03/25
- 御殿場高原時之栖で「桜まつり」桜のトンネルや地ビール飲み放題など 富士山経済新聞-2017/03/17

Episode 9

うた時計(1942年)

新美南吉(1913年〜1943年) 作
きくドラ 脚色

　　二月のある日、野中の寂しい道を十二三の少年と皮のカバンを抱えた三十四五の男の人とが同じ方へ歩いていった。風が少しもない暖かい日でもう霜が溶けて道は濡れていた。「ぼう。一人でどこへ行くんだ」「町だよ」「ぼう。なんて名だ?」「廉ていうんだ」「ウーン。どういう字を書くんだ?」「連絡の連か?」「違う。点をうって一を書いてノを書いて二つ点をうって…」「難しいな。おじさんはあまり難しい字は知らんよ」

　　「おじさん。清廉潔白の廉って字だよ」「何だい? その清廉潔白ってのは」「清廉潔白というのは何にも悪いことはしないので神さまの前へ出ても巡査につかまっても平気だっていうことだよ」「フーン。巡査につかまってもな」「おじさんのオーバーのポケット大きいね」「ウン。それは大人のオーバは大きいからポケットも大きいさ」「あったかい? ぼく手を入れてもいい?」「変なこという小僧だな。ハ、入れたっていいよ」

　　「おじさんのポケットなんだか硬い、冷たいものが入ってるね。これ何?」「何だと思う?」「金でできてるね。大きいね。何かねじみたいなもんがついてるね。おじさん。わかった。これ時計だろう」「ウン。オルゴールっていうやつさ。お前がねじをさわったもんだから歌いだしたんだよ」「ぼく、この音楽大好きさ。おじさん。もうい

っぺん鳴らしてもいい?」「ウン」「おじさん。こんなものをいつももって歩いているの?」「ウン。おかしいかい?」「おかしいな」「どうして?」「ぼくがよく遊びに行く薬屋のおじさんのお家にもうた時計があるけどね、大事にして店の陳列棚の中に入れてあるよ」「なんだ。ぼう。あの薬屋へよく遊びに行くのか」「ウン、よく行くよ。ぼくのうちの親類だもん。おじさんも知ってるの?」「ウン。ちょっとおじさんも知ってる」「でもなかなかうた時計を鳴らしてくれないんだ。うた時計がなるとね。おじさんはさみしい顔をするよ」「どうして?」「おじさんはね。うた時計を聞くとね。どういうわけかしゅうさくさんのことを思い出すんだって」「アア、オー」「しゅうさくっておじさんの子供なんだよ。不良少年になってね。学校が済むとどっかへ行っちゃったって。もうずいぶん前のことだよ」「その薬屋のおじさんはね。そのしゅうさくっていう息子のことを何か言っているかい?」「馬鹿なやつだって言っているよ」「そうかい。そうだな。馬鹿だなそんなやつは。ハア、あれ? もう止まったな。ぼう。もう一度だけ鳴らしてもいいよ」「本当? ああ。いい音だな。僕の妹の秋子がね。とってもうた時計が好きでね。死ぬ前にもういっぺんあれを聞かしてくれって泣いてぐずったのでね。薬屋のおじさんとこから借りてきて聞かせてやったよ」「死んじゃったのかい」「ウン。一昨年

のお祭りの前にね。だから、命日になるとお墓の前で鳴らしてやるんだ」「そうか」

　しばらく行くと、道が二又に分かれており「ぼうはどっち行くんだ」「こっち」「そうか」「おれはこっちだ。じゃ、さいなら」「さいなら」「ぼう、ちょっと待てよ」「何だいおじさん」「実はなぼう。おじさんはゆうべ、その薬屋のうちで泊めてもらったのさ。ところが今朝出るとき慌てたもんだから間違えて薬屋の時計をもってきてしまったんだ。ぼうすまんけどこの時計とそれからこの懐中時計も間違えてもってきちまったから薬屋に返してくれないか。な、いいだろう?」「ウン」「じゃ、薬屋のおじさんによろしく言ってくれよ。さいなら」「さいなら」「ぼう。なんて名だったっけ?」「清廉潔白の廉だよ」「ウン。それだ。ぼうはその清廉、何だっけ?」「潔白だよ」「ウン。潔白。それでなくちゃいかんぞ。そういう立派な正直な大人になれよ。じゃ、本当にさいなら」「さいなら」

　「あ、薬屋のおじさん!」「オー、廉ぼう」「お前は村からここまで来たのか」「ウン」「そいじゃ、今しがた村から誰か男の人が出てくるのと一緒にならなかったか?」「一緒だったよ」「オー。そ、その時計。お前はどうして?」「その人がね。おじさんの家で間違えてもってきたから返してくれって言ったんだよ」「返してくれって?」

「ウン」「そうか。あの馬鹿めが…」「あれ誰なの、おじさん」「あれ
か。あれはうちのしゅうさくだ」「へえ、本当?」「昨日十何年ぶり
でうちへ戻ってきたんだ。長い間悪いことばかりしてきたけれど今
度こそ改心して真面目に町の工場で働くことにしたからと言ってき
たんで一晩泊めてやったのさ。そしたら、今朝わしが知らんでいる
間にもう悪い手癖を出してこの二つの時計をくすめて出かけやがっ
た。ハア、あの極道めが…」

　「おじさん。そいでもね。間違えてもってきたんだってよ。本当
にとっていくつもりじゃなかったんだよ。ぼくにね、人間は清廉潔
白でなくちゃいけないって言ってたよ」「そうかい。そんなことを言
っていったか」

　少年は老人の手に二つの時計を渡した。受け取る時、老人の手
は震えてうた時計のねじにふれた。すると時計はまた美しく歌いだ
した。

＜終り＞

9-1

　二月のある日、野中の寂しい道を / 十二三の少年と / 皮のカバンを抱えた / 三十四五の男の人とが / 同じ方へ歩いていった。風が少しもない暖かい日で / もう霜が溶けて / 道は濡れていた。「ぼう。一人でどこへ行くんだ」「町だよ」「ぼう。なんて名だ?」「廉ていうんだ」「ウーン。どういう字を書くんだ?」「連絡の連か?」「違う。点をうって / 一を書いて / ノを書いて / 二つ点をうって…」「難しいな。おじさんは / あまり難しい字は知らんよ」

　「おじさん。清廉潔白の廉って字だよ」「何だい? その / 清廉潔白ってのは」「清廉潔白というのは / 何にも悪いことはしないので / 神さまの前へ出ても / 巡査につかまっても / 平気だっていうことだよ」「フーン。巡査につかまってもな」「おじさんのオーバーのポケット / 大きいね」「ウン。それは / 大人のオーバは大きいから / ポケットも大きいさ」「あったかい? ぼく / 手を入れてもいい?」「変なこという小僧だな。ハ、入れたっていいよ」

● ● ●

「おじさんのポケット / なんだか硬い、冷たいものが入ってるね。これ何?」「何だと思う?」「金でできてるね。大きいね。何か / ねじみたいなもんがついてるね。おじさん。わかった。これ / 時計だろう」「ウン。オルゴールっていうやつさ。お前がねじをさわったもんだから / 歌いだしたんだよ」「ぼく、この音楽 / 大好きさ。おじさん。もういっぺん鳴らしてもいい?」「ウン」「おじさん。こんなものをいつももって歩いているの?」「ウン。おかしいかい?」「おかしいな」「どうして?」「ぼくがよく遊びに行く薬屋のおじさんのお家にも / うた時計があるけどね、大事にして / 店の陳列棚の中に入れてあるよ」「なんだ。ぼう。あの薬屋へ / よく遊びに行くのか」「ウン、よく行くよ。ぼくのうちの親類だもん。おじさんも知ってるの?」「ウン。ちょっと / おじさんも知ってる」「でも / なかなかうた時計を鳴らしてくれないんだ。うた時計がなるとね。おじさんは / さみしい顔をするよ」「どうして?」「おじさんはね。うた時計を聞くとね。どういうわけか / しゅうさくさんのことを思い出すんだって」「アア、オー」「しゅうさくって / おじさんの子供なんだよ。不良少年になってね。学校が済むと / どっかへ行っちゃったって。もうずいぶん前のことだよ」「その薬屋のおじさんはね。その / しゅうさくっていう息子のことを / 何か言っているかい?」「馬鹿なやつだって言っているよ」「そうかい。そうだな。馬鹿だなそんなやつは。ハア、あれ、もう止まったな。ぼう。もう一度だけ鳴らしてもいいよ」「本当?ああ。いい音だな。僕の妹の秋子がね。とってもうた時計が好きでね。死ぬ前に / もういっぺんあれを聞かしてくれって / 泣いてぐずったのでね。薬屋のおじさんとこから借りてきて / 聞かせてやったよ」「死んじゃったのかい」「ウン。一昨年のお祭りの前にね。だから、命日になると / お墓の前で鳴らしてやるんだ」「そうか」

　しばらく行くと、道が二又に分かれており／「ぼうは／どっち行くんだ。」「こっち。」「そうか」「おれはこっちだ。じゃ、さいなら」「さいなら」「ぼう、ちょっと待てよ」「何だいおじさん」「実はなぼう。おじさんはゆうべ、その薬屋のうちで泊めてもらったのさ。ところが／今朝出るとき／慌てたもんだから／間違えて／薬屋の時計をもってきてしまったんだ。ぼう／すまんけど／この時計とそれから／この懐中時計も／間違えてもってきちまったから／薬屋に返してくれないか。な、いいだろう?」「ウン」「じゃ、薬屋のおじさんに／よろしく言ってくれよ。さいなら」「さいなら」「ぼう。なんて名だったっけ?」「清廉潔白の廉だよ」「ウン。それだ。ぼうはその／清廉、何だっけ?」「潔白だよ」「ウン。潔白。それでなくちゃいかんぞ。そういう立派な／正直な大人になれよ。じゃ、本当にさいなら」「さいなら」

156

9-4

　「あ、薬屋のおじさん!」「オー、廉ぼう」「お前は / 村からここまで来たのか」「ウン」「そいじゃ、今しがた / 村から誰か男の人が出てくるのと / 一緒にならなかったか?」「一緒だったよ」「オー。そ、その時計。お前は / どうして?」「その人がね。おじさんの家で / 間違えてもってきたから / 返してくれって言ったんだよ」「返してくれって?」「ウン」「そうか。あの / 馬鹿めが…」「あれ誰なの、おじさん」「あれか。あれは / うちのしゅうさくだ」「へえ、本当?」「昨日 / 十何年ぶりで / うちへ戻ってきたんだ。長い間悪いことばかりしてきたけれど / 今度こそ改心して / 真面目に町の工場で働くことにしたからと / 言ってきたんで / 一晩泊めてやったのさ。そしたら、今朝わしが知らんでいる間に / もう悪い手癖を出して / この二つの時計をくすめて出かけやがった。ハア、あの極道めが…」

　「おじさん。そいでもね。間違えてもってきたんだってよ。本当にとっていくつもりじゃなかったんだよ。ぼくにね、人間は清廉潔白でなくちゃいけないって言ってたよ」「そうかい。そんなことを / 言っていったか」

　少年は / 老人の手に二つの時計を渡した。受け取る時、人の手は震えて / うた時計のねじにふれた。すると時計は / また美しく歌いだした。

158

아래의 일본어 질문에
일본어로 대답합시다.

❶ 少年の名前の「廉」はどうやって書きますか。

―――

❷「清廉潔白」の意味は何ですか。

―――

❸ おじさんの大きなポケットの中には何が入っていましたか。

―――

❹ ねじをさわるとそれはどうなりますか。

―――

❺ 少年がよく遊びにいくところはどこですか。

―――

❻ 薬屋のおじさんはうた時計が鳴ると、なぜさみしい顔をしますか。

―――

❼ 少年の妹の名前は何でしたか。

―――

❽ 少年の妹はいつなくなりましたか。

―――

❾ 少年の妹の命日になると少年の家族はその妹のお墓の前で何をしますか。

―――

❿ おじさんの息子、しゅうさくは自分のうちに何年ぶりにもどってきましたか。

―――

⓫ この話を聞いて何を感じましたか。

―――

アれ의 일본어 문장의 내용이 본문 내용과 일치하면 ○를,
일치하지 않으면 ×를 기입하세요.

❶ 三月のある日、野中の寂しい道を十二三の少年と皮の袋
を抱えた三十四五の男の人とが同じ方へ歩いていった。 ‥ ☐

❷ 風が少しもない暖かい日でもう雪が溶けて道は濡れて
いた。 ‥ ☐

❸ 清廉潔白というのは何にも悪いことはしないので神さ
まの前へ出ても警察につかまっても平気だっていうこ
とだよ。 ‥ ☐

❹ ぼくがよく遊びに行く煙草屋のおじさんのお家にもう
た時計があるけどね、大事にして店の陳列棚の中に入
れてあるよ。 ‥ ☐

❺ おじさんはね。うた時計を聞くとね。どういうわけか
しゅうさくさんのことを思い出すんだって。 ‥ ☐

❻ 死ぬ前にもういっぺんあれを聞かしてくれって泣いて
ぐずったのでね。 ‥ ☐

❼ ところが今朝出るとき慌てたもんだから間違えて煙草
屋の時計をもってきてしまったんだ。 ‥ ☐

❽ ぼう、すまんけどこの時計とそれからこのうた時計も間違
えてもってきちまったから煙草屋に返してくれないか。 ‥ ☐

❾ そしたら、今朝わしが知らんでいる間にもう悪い手癖
を出してこの二つの時計をくすめて出かけやがった ‥ ☐

❿ 長い間悪いことばかりしてきたけれど今度こそ改心し
て真面目に町の工場で働くことにしたからと言ってき
たんで一晩泊めてやったのさ。 ‥ ☐

일본어로 대화합시다.

① 아이가 반말로 말을 걸어오면 어떤 기분인지, 또한 그 아이에게 어떠한 말을 할지 생각해 봅시다.

② 자신의 한자 이름을 일본어로 설명해 봅시다.

③ 자신의 한자나 한글 이름의 뜻을 일본어로 말해 보세요.

④ 자신의 이름이 마음에 든다면 그 이유가 무엇인지 말해 보세요.

⑤ 자신의 이름이 마음에 들지 않는다면 그 이유를 말해 보세요.

❻ 장래 희망하는 배우자의 성과 이름을 말해보세요.

❼ 연애결혼(중매결혼)을 찬성하는지, 혹은 반대하는지 조별로 토론하고 결과를
적어 봅시다.

찬성	반대

인터넷에서 うた時計에 관련한 자료를 검색해 봅시다.

- 日電産、株主優待を導入 今期から、オルゴール記念館に無料招待日本経済新聞(2017/03/06)
- 六甲オルゴールミュージアム 企画展示「スイスのオルゴール」4月27日...PR TIMES (プレスリリース) (2017/03/29)
- 【ディズニー】これは家宝になるぞ! 10曲入りで100万円の高級オルゴール...エキサイトニュース (2017/03/18)
- オートマタ展など記念イベント 下諏訪「すわのね」1周年信濃毎日新聞(2017/03/17)
- レキシ、新シングル『KATOKU』で「若君スタイル」に。10周年ツアー開催も...RO69(2017/03/10)
- オルゴールとお気に入りの写真で癒やしのひとときをエキサイトニュース(2017/02/21)
- 創業100周年のＴＶ-ＣＭ第1弾、多部未華子さんを起用しオンエア開始！SankeiBiz(2017/04/02)
- 河口湖オルゴールの森で「タイタニックショー」自動演奏楽器のコンサート...富士山経済新聞 (2017/03/21)
- 20種類の音色楽しむ 120人集う 鳥取/毎日新聞-2017/04/02
- 新美南吉童話選集<童話> うた時計と狐(2017.04.04.)
- オルゴール自転車「すわのね」貸し出し/長野日報-2016/08/06
- 湯郷温泉にきらびやかな雛ずらり 25、26日にはコスプレ催し山陽新聞 (会員登録)(2017/03/23)
- 特製弁当・和菓子・オルゴール… 下諏訪ひな街道まつり　47NEWS(2017/02/23)
- 心と身体を癒やす"愛の周波数"「528Hz」を奏でるオルゴールDIGIMONO！(2016/08/26)
- 「黒い砂漠」自分の撮った風景が公式カレンダーの春を飾る!「ホッとな...OnlineGamer(2017/03/07)
- ダサかっこいい感じ。日用品でメロディを奏でる手作りオルゴールギズモード・ジャパン (2016/05/16)
- 喜びの歌、高らかに 河口湖オルゴールの森美術館/山梨毎日新聞(2016/12/30)
- りんどう湖レイクビューで動物とのふれあいや手作り体験｜栃木県cozre(コズレ)(2017/03/14)
- 坂野夫妻コレクション 来月6日から特別展/兵庫/毎日新聞(2016/12/12)

Episode 10

それから(1909年)

夏目漱石(1867年～1916年) 作
きくドラ 脚色

　ああ。動く。世界が動く。〈それから〉夏目漱石

　「なあ、お前ももう三十だ。そろそろ世の中に出たらどうだ」ぼくの名は長井代助。職業はない。この実業家である兄と父親からの援助で一人暮らしている。「お前は学校でも自慢の弟だった。なぜ働かない」僕が働かないのは世の中のせいだ。日本は今無理に一等国を気取ったせいで借金まみれだ。国民はその返済に疲れ果て道徳心は荒廃している。こんな世の中ではとても誠実に働けない。だから僕はただ本を読み、音楽を聴き、文化的で高尚な日々を送っている。

　「それより考えてくれたか。例の縁談。先方の家も大変な資産家だ。父さんももう年だし早く安心させてやれ」資産家の令嬢との政略結婚。それは年老いた父を喜ばせ、莫大な財産を与えてくれる。まさに万々歳だ。だが。「なんだ。気が進まんか。だれか好いた人でもいるのか」「代助さん。代助さん」好いた人。僕は久しぶりに写真帳を開きある女性を見つけた。今はよき夫を得たその人。

　「やあ。三年ぶりだな代助君。僕は今年大阪の銀行をやめてね。これからはこっちで猛烈に働くつもりだ。君の方は相変わらずいいご身分だな。ハハハ…」彼は中学からの友人で平岡。ぼくらはかつて兄弟のように交際し多くの友人と語り合った。もちろんあの人とも。「そうそう。妻が君によろしく言っていたよ。まだ独身なのかっ

166

て気にしていたぜ」

「ウフ〜。代助さん。代助さん」その人の名は三千代。知り合ったのは僕がまだ学生だった頃だ。僕は彼女の流れるような黒い髪、美しい二重瞼。浮世絵の美女を思わせるその風情に強く惹かれていた。「まあ、きれいな百合。ありがとう。代助さん」そして三年前のある日「代助君! 僕は三千代さんが好きだ。力になってくれないか?」

当時の僕は人のために行動するのが好きだった。平岡のことが、三千代のことが大好きだった。だから僕は喜んで彼らを結びつけた。「えっ? 私を平岡さんと? え〜。あなたがそうおっしゃるなら…」結婚式の日、僕は泣いた。そしてそのことは今もなお僕の生涯を照らす鮮やかな栄誉となっている。

「あれからもう三年か。ハッハハハ。しかし結婚なんてそれほどいいものではないぜ」それから数日後家に突然意外な客が訪ねてきた。「代助さん。お久しぶりです」それは三千代だった。髪を銀杏返しに結い、昔と少しも変わらない白く美しい顔をしている。だが、この顔色は少し白すぎる。「ずっとこんな顔色なの。心臓悪くしてしまって恥ずかしいわ」三千代は黒く大きな瞳を潤ませた。僕は気の毒に思いしばらく沈黙した。すると彼女は頬を薄赤く染めて言った。「その、お願いがあるの。少しお金を貸してくれないかしら」「結婚なんてそれほどいいものではないぜ」僕は平岡の言葉を思い出した。彼女によると彼は大阪で失敗しかなりの借金をしているという。また

最近では家にも帰らず放蕩に耽っているという。

　「私もういけないの。子供を産んですぐ死なせてしまって。それから体の具合が…」平岡の借金、子供の死、三千代の病。たった三年でこうも変わるものか。もしや二人は結ばれるべきではなかったのだろうか。いやそもそもなぜ僕はその手助けをしたのだろうか。次第に僕の心はあの頃に帰り始めた。「代助さん。代助さん。ウフフフ」「僕は三千代さんが好きだ」「えっ? 私を平岡さんと?」「誰か好いた人でもいるのか?」「あなたはなぜ奥さんをおもらいにならないの?」

　「代助さん。具合もよくないし私そろそろ」「三千代さん」「えっ?」「三千代さん。待ってください。どうか僕の話しを聞いてください。遅すぎたことは分かっています。残酷と言われても仕方ありません。ですが僕は僕の心はあの時も今もちっとも変っていません。僕には僕の存在にはあなたが必要だ!どうしても必要だ」

　「そんな代助さん」「僕はそれをあなたに承知してもらいたいのです。お願いです。どうかどうか承知してください」「そんなひどいわ。あんまりだわ。なぜあの時、いえ、せめてもう少し早く〜」「三千代さん。どうしたんですか。体が…」「でも、あ、あ、あたしあなたとあなたと…ハ、ハ」「三千代さん。起きてください。三千代さん。大変だ。医者は? 三千代さん。三千代さん〜」

　「代助君。大変なことをしてくれたね。心臓が弱っていたところにひどい神経衰弱だ。医者によると命にかかわるらしい。だが三千代からすべて聞いたよ。あいつも君のことが…。いや、もういい。三千代は君にやる。もう長くないだろうがね。だが、ならなぜ君は三年前に三千代を僕にくれた。君は結婚式の日、僕のために泣いてくれた。僕はそれが嬉しかった。なのに、クウフ、君は自分のしたことが分かっているのか。人の妻を奪い、夫の名誉を毀損した。今後、君の家族、世間が君をどう裁くかよく思い知るがいい」

　「代助。きょう実家に平岡という人から手紙が来た。これは真実なのか。お前が人の妻を…。そうか。このくず。いったい今まで何のために教育を受けてきた。父さんは泣いていたぞ。お前は家の名誉に泥を塗った。もうお前とは家族でも兄弟でもない。貴様は馬鹿だ」

　僕は無二の親友を、家族を失った。僕に残されたのはただ一人。あ、三千代。三千代に会いたい。だが彼女は後どれほどの命だろう。僕はこれからどうすればいい?気がつくと僕は町を彷徨っていた。日差しはまるで僕を焼きつくすかのように無慈悲だった。「ああ、暑い。そうだ。まず仕事を、職を探さなければ…」そう思って僕は飯田橋から電車に乗った。やがて電車が動き始めた時、僕は車窓から景色を眺めこう呟いていた。「ああ。動く。世界が動く」

＜終り＞

10-1

ああ。動く。世界が / 動く。〈それから〉夏目漱石

「なあ、お前ももう三十だ。そろそろ / 世の中に / 出たらどう
だ」ぼくの名は / 長井代助。職業は / ない。この / 実業家である兄
と / 父親からの援助で / 一人/暮らしている。「お前は / 学校でも自
慢の弟だった。なぜ働かない」僕が働かないのは / 世の中のせい
だ。日本は今 / 無理に一等国を気取ったせいで / 借金まみれだ。国
民は / その返済に疲れ果て / 道徳心は / 荒廃している。こんな世の
中では / とても誠実に働けない。だから僕は / ただ本を読み、音楽
を聴き、文化的で / 高尚な日々を送っている。

「それより / 考えてくれたか。例の縁談。先方の家も / 大変な資
産家だ。父さんも / もう年だし / 早く安心させてやれ」資産家の令
嬢との/政略結婚。それは / 年老いた父を喜ばせ、莫大な財産を与え
てくれる。まさに万々歳だ。だが。「なんだ。気が進まんか。だれか
/ 好いた人でもいるのか」「代助さん。代助さん」好いた / 人。僕は /
久しぶりに写真帳を開き / ある女性を見つけた。今は / よき夫を得
た / その人。

● ● ●

170

　「やあ。三年ぶりだな代助君。僕は今年 / 大阪の銀行をやめて
ね。これからは / こっちで猛烈に働くつもりだ。君の方は / 相変
わらず / いいご身分だな。ハハハ…」彼は / 中学からの友人で / 平
岡。ぼくらはかつて / 兄弟のように交際し / 多くの友人と語り合っ
た。もちろん / あの人とも。「そうそう。妻が / 君によろしく言って
いたよ。まだ独身なのかって気にしていたぜ」

　「ウフ〜。代助さん。代助さん」その人の名は / 三千代。知り合
ったのは / 僕がまだ / 学生だった頃だ。僕は / 彼女の流れるような黒
い髪、/ 美しい二重瞼。浮世絵の美女を思わせるその風情に / 強く /
惹かれていた。「まあ、きれいな百合。ありがとう。代助さん」そし
て / 三年前の / ある日 / 「代助君! 僕は / 三千代さんが / 好きだ。力
になってくれないか?」

　当時の僕は / 人のために行動するのが / 好きだった。平岡のこ
とが、三千代のことが / 大好きだった。だから僕は / 喜んで彼らを
結びつけた。「えっ? 私を / 平岡さんと? え〜。あなたが / そう / お
っしゃるなら…」結婚式の日、僕は / 泣いた。そして / そのことは
今もなお / 僕の生涯を照らす / 鮮やかな栄誉となっている。

●　●　●

「あれからもう / 三年か。ハッハハハ。しかし / 結婚なんて / それほどいいものではないぜ」それから数日後 / 家に突然 / 意外な客が訪ねてきた。「代助さん。お久し / ぶりです」それは / 三千代だった。髪を銀杏返しに結い、昔と少しも変わらない / 白く / 美しい顔をしている。だが、この顔色は / 少し / 白すぎる。「ずっと / こんな顔色なの。心臓悪くしてしまって / 恥ずかしいわ」三千代は / 黒く / 大きな瞳を潤ませた。僕は気の毒に思い / しばらく沈黙した。すると彼女は / 頬を薄赤く染めて / 言った。「その、お願いがあるの。少し / お金を貸してくれないかしら」「結婚なんて / それほどいいものではないぜ」僕は / 平岡の言葉を思い出した。彼女によると / 彼は大阪で失敗し / かなりの借金をしているという。また最近では / 家にも帰らず / 放蕩に耽っているという。

　「私もう / いけないの。子供を産んですぐ / 死なせてしまって。それから / 体の具合が…」平岡の借金、子供の死、三千代の病。たった三年で / こうも変わるものか。もしや二人は / 結ばれるべきでは / なかったのだろうか。いや / そもそもなぜ僕は / その手助けをしたのだろうか。次第に僕の心は / あの頃に帰り始めた。「代助さん。代助さん。ウフフフ」「僕は / 三千代さんが好きだ」「えっ? 私を平岡さんと?」「誰か / 好いた人でもいるのか?」「あなたはなぜ / 奥さんをおもらいにならないの?」

　「代助さん。具合もよくないし/私そろそろ」「三千代さん」「えっ?」「三千代さん。待ってください。どうか / 僕の話しを / 聞いてください。遅すぎたことは / 分かっています。残酷と言われても / 仕方ありません。ですが / 僕は / 僕の心は / あの時も / 今も / ちっとも変っていません。僕には / 僕の存在には / あなたが必要だ! どうしても必要だ」

　「そんな / 代助さん」「僕はそれを / あなたに承知してもらいたいのです。お願いです。どうか / どうか承知してください」「そんな / ひどいわ。あんまりだわ。なぜ / あの時 / いえ / せめて / もう少し早く～」「三千代さん。どうしたんですか。体が…」「でも、あ、あ、あたしあなたと / あなたと…ハ、ハ」「三千代さん。起きてください。三千代さん。大変だ。医者は? 三千代さん。三千代さん～」

　「代助君。大変なことをしてくれたね。心臓が弱っていたところに / ひどい神経衰弱だ。医者によると / 命にかかわるらしい。だが / 三千代からすべて聞いたよ。あいつも / 君のことが…。いや、もういい。三千代は / 君にやる。もう長くないだろうがね。だが、ならなぜ / 君は三年前に三千代を僕にくれた。君は結婚式の日、僕のために泣いてくれた。僕はそれが / 嬉しかった。なのに、クウフ、君は / 自分のしたことが分かっているのか。人の妻を奪い、夫の名誉を毀損した。今後、君の家族、世間が / 君をどう裁くか / よく思い知るがいい」

● ● ●

「代助。きょう実家に / 平岡という人から手紙が来た。これは / 真実なのか。お前が / 人の妻を…。そうか。この / くず。いったい今まで何のために教育を受けてきた。父さんは泣いていたぞ。お前は / 家の名誉に泥を塗った。もうお前とは / 家族でも / 兄弟でもない。貴様は / 馬鹿だ」

　僕は / 無二の親友を、家族を失った。僕に残されたのは / ただ一人。あ、三千代。三千代に会いたい。だが彼女は / 後 / どれほどの命だろう。僕はこれから / どうすればいい? 気がつくと僕は / 町を彷徨っていた。日差しはまるで / 僕を焼きつくすかのように / 無慈悲だった。「ああ、暑い。そうだ。まず / 仕事を、職を / 探さなければ…」そう思って僕は / 飯田橋から / 電車に乗った。やがて / 電車が動き始めた時、僕は / 車窓から景色を眺め / こう呟いていた。「ああ。動く。世界が/動く」

❶ 主人公は何歳になろうとしていますか。

....

❷ 主人公の名前は何ですか。

....

❸ 主人公の仕事は何ですか。

....

❹ お兄さんの仕事は何ですか。

....

❺ 主人公はなぜ働きませんか。

....

❻ それで主人公は家で何をしていますか。

....

❼ 三年ぶりに訪ねてきた主人公の友人はどんな仕事をしていますか。

....

❽ その友人はいつからの友人で名前は何ですか。

❾ 主人公が好きだったその女性の名前は何ですか。

❿ 主人公はその女性のどこに強く惹かれましたか。

⓫ なぜその女性は三年ぶりに主人公の家を訪ねてきましたか。

⓬ 主人公は車窓から景色を眺め何を呟きましたか。

⓭ この話を聞いて何を感じましたか。

아래의 일본어 문장의 내용이 본문 내용과 일치하면 ○를,
일치하지 않으면 X를 기입하세요.

❶ なあ、お前ももう三十五だ。そろそろ世の中に出たら
どうだ。 ‥ ☐

❷ 僕が働かないのは世の中のせいだ。日本は今無理に一
等国を気取ったせいで借金まみれだ。 ‥ ☐

❸ 国民はその返済に疲れ果て道徳心は荒廃している。こ
んな世の中ではとても真面目に働けない。 ‥ ☐

❹ 僕は彼女の流れるような黒い髪、美しい二重瞼。浮世
絵の美女を思わせるその風情に強く惹かれていた。 ‥ ☐

❺ 山岡のことが、三千代のことが大好きだった。だから
僕は喜んで彼らを結びつけた。 ‥ ☐

❻ あれからもう四年か。ハッハハハ。しかし結婚なんて
それほどいいものではないぜ。　　　　　　　　　　・・ ☐

❼ 髪を銀杏返しに結い、昔と少しも変わらない白く美し
い顔をしている。　　　　　　　　　　　　　　　・・ ☐

❽ 残酷と言われても仕方ありません。ですが僕は僕の心
はあの時も今もちっとも変っていません。　　　　・・ ☐

❾ 代助君。大変なことをしてくれたね。心臓が弱ってい
たところにひどい神経衰弱だ。医者によると命にかか
わるらしい。　　　　　　　　　　　　　　　　　・・ ☐

❿ 君は自分のしたことが分かっているのか。人の妻を奪
い、夫の名誉を毀損した。　　　　　　　　　　　・・ ☐

일본어로 대화합시다.

❶ 졸업 후 무슨 일을 하고 싶은지를 말해 보세요.

❷ 왜 그런 일을 하고 싶은지 그 이유를 말해 보세요.

❸ 특별한 일을 하지 않고 단지 책을 읽고 음악을 들으며 문화적으로 고상하게 살아가는 사람에게 하고 싶은 말이 있으면 말해 보세요.

❹ 좋아하는 사람이 있는데, 가족이 다른 사람과 결혼을 하라고 할 때 어떻게 대응할지를 말해 보세요.

❺ 자기가 좋아하는 사람을 친한 친구도 좋아한다고 말을 할 때, 그 친구에게 어떤 말을 할지 말해 보세요.

❻ 주인공에게 하고 싶은 말이 있으면 말해 보세요.

❼ 아버지와 어머니가 권해주시는 사람과의 결혼을 찬성하는지, 혹은 반대하는
지 조별로 토론하고 결과를 적어 봅시다.

찬성	반대

인터넷에서 그것으로에 관련한 자료를 검색해 봅시다.

- 그것으로-Wikipedia(2017.04.04.)
- 映画『それから』メイン・テーマ-YouTube(2009.05.05.)
- 文劇喫茶『それから』平野良、帆風成海、今立進の趣あるビジュアルを...エキサイトニュース (2017/03/15)
- 平野良出演の3人芝居! 文劇喫茶『それから』okmusic UP's(2017/03/24)
- 野良ら出演「それから」情緒あふれるビジュアル、Twitterキャンペーンもナタリー(2017/03/16)
- よみがえる明治の文豪 夏目漱石-YouTube(2011.12.26.)
- エレキコミック今立扮する平岡常次郎お目見え、夏目漱石「それから」原作...お笑いナタリー (2017/03/15)
- CLIE文劇喫茶シリーズ第1弾、夏目漱石「それから」に平野良、帆風成海...ナタリー(2017/02/07)
- CLIEの新企画・文劇喫茶シリーズ始動、夏目漱石「それから」を舞台化ナタリー(2017/01/20)
- 格差社会を生き抜くためのヒントになる"夏目漱石のことば"―政治学者...日刊SPA！(2016/04/06)
- 没後１００年 夏目漱石と神保町の深い関係(動画あり) 読売新聞(2016/10/20)
- 『ビブリア古書堂の事件手帖』ついに完結! さらに実写＆アニメ映画化...ダ・ヴィンチニュース (2017/02/18)
- 夏目漱石もそうだった? 歴史上の偉大な人物には"不良"が多いワケウーマンエキサイト(2017/02/28)
- 僕の仕事は「人間をつくる」こと/電通報(2017/01/22)
- 鎌倉で地元舞台の映画上映会「海街diary」初上映、是枝監督など招き湘南経済新聞-2016/07/19
- 夏目漱石のことばを、現代人の生き方に投影させるとうまくフィットするライフハッカー[日本版](2014/06/19)
- 「厳重食」漱石も食べた100年前の糖質制限食 / 毎日新聞(2016/05/03)
- Play Video 朝日新聞(2016/12/20)
- 岡本かの子 浮世離れした夫婦像/日本経済新聞(2014/08/16)
- 「コロッケそば」を題材にした落語がある/日刊アメーバニュース(2016/10/10)
- 願いましては…２度目の東京五輪と、２０世紀で終わった大阪万博産経ニュース(2016/06/11)
- 本格焼酎それから＜麦＞ 商品情報(カロリー・原材料) サントリー(2017.04.04.)

夏の夜の夢(1937年)

岡本かの子(1889年〜1939年) 作
きくドラ 脚色

「また出かけるのかね。今夜も。もう彼への気持ちを打ち切っ
たらどうだい」「えー、もう今夜まで。たった一晩だけ。ですから
心配しないで。兄さんもご自分の勉強なさって」「ウン。そうか」
「あ、兄さん。しゅろの花が咲いてますのよ。あの下のこずえに房
のようにたくさん。私何だかポチポチ冷たいものが顔に当たるの
で雨かしらと思いましたらね。花がこぼれるのですわ」「お、しゅ
ろの花が咲いたか。じゃ下をみてごらん。粟をまいたように、き
れいに濡れているよ」「ハアハ、フフフ」歳子は屈んでそっと地面
を撫でてみた。掌のやわらかい肉付きにさらりとした砂のような
花の粒が薄くふれた。

　彼女は暗中にかなくずを踏むという詩句を思い出した。そして
のうぜんかずらのアーチを抜けた。今夜の自分は兄ともまた自分の婚
約者ともまるで縁のないように思えた。〈岡本かの子、夏の夜の夢〉

　兄の取りはからいで、友人のしずまゆうきちと婚約を結んだ歳
子は二人から過剰すぎる寵愛を受けていたのだが…。「私こんなの
んきなことでいいのでしょうか」「とは言っても何も無理して苦労
を求めるのも不自然ですよ。まあ、のんきにしていられるうちはし
ているんですね」歳子は未来の夫の頭のよさを信頼するとともにあ
まりに包容力があることになぜだかいくらかの反感を抱いた。兄の
家に泊まりに訪れて間もない日のこと。昼に食べたバニラアイスの
香気が強かったのか眠れぬ歳子は寝間着の上に兄が洋行みやげに買

188

ってきてくれた網糸のシャーレを羽織り外へ出てみた。「誰かしら?」「や、いい夜ですね。曽我さんの妹でしょう。中へ入りませんか」この方は一体。「兄がこの近所に学校の後輩の家があると言ってたけどそれでしょうか」

　　青年とバッタリ顔を見合わせて立ち止まった彼女の胸には何かものなつかしいようなものが過った。月光に明瞭に照らされた青年の顔は端正な目鼻立ちにかすかな憂愁を帯びていた。「今夜うちの庭はとってもいいですよ」「ありがとう。でも…」「心配なさることはありません。あんたのお兄さんは僕を知っているはずですよ。あの人は僕の高校の先輩です」その青年は牧瀬と言った。

　　その夜から牧瀬の庭を知りその池の周囲の饗宴を知った。それは淡々とした味を持ちつつ、なんとなく気がかりの魅惑が彼女を引きつけた。翌朝、兄に話すと「牧瀬が帰ってきてると聞いたが、やっぱりそうか。ウン、あの男は天才的だけど変わり者だ。根は君子だがそうさな。彼との交際は別に毒になるほどでもないが薬にもならんね」

　　それから二十日ばかりの間に七、八夜ほど牧瀬の庭へ遊びに行ったが、婚約者の家へ帰る日も近づいたころ、いよいよ最後の夜の交際だと思い、いばらの垣根の門をくぐった。「今夜あたりはあなたが来そうな晩だと思いましたよ。月の出が初めてお目にかかった晩と同じですからね。」クローバーが厚く生え重なったあたりに席をと

って牧瀬と歳子はも三十分も神経を解放しただ黙って夏の夜のかもす濃厚で爽やかで多少腕白なところもある雰囲気に浸っていた。

　「ああ、いい気持ち」「まだ眠くないですか」「はあ、眠くなっていられるほどいい気持ちよ。それともこれは目が覚めていながら寝ている状態なのかしら」「ウフン、喉が渇きませんか。今夜はこれをご覧なさい。おいしいですよ。水晶柘榴のシロップです」「はあ。ありがとう」どういうわけか今夜の彼からは淡々とした話しぶりの底に熱い情熱がほとばしり歳子をしばしば動揺させた。そして彼はしきりに恋愛の話をしたがった。

　「この夏の七、八夜あなたとここで話したメモリーは僕の一生のうちの最もすてきなメモリーになりそうです。あ、こんなこと言って失礼だったら許してください。あなたがしずま君と結婚.なさっても僕はあなたの特異性をもらったような気がします」「私の特異性ですか」「あなたの特異性を強調していうなら、あなたは純潔な処女のまま受胎せよといったらその気になる方らしいですかな。ハハハハハハ…」

　突然、牧瀬は立ち上がり、池のなぎさに「祈る人」のようにひざまずき歳子にもそれを促した。澄んだ湖面に二人の顔が映った。しばらく見つめていると牧瀬が「やっぱり人間の男と女だ。ハハハハハハ…」歳子はほとんど一晩語りに語り続けた青年の言葉を聞き明かしたが、決して退屈しなかった。むしろ青年の言葉の底にかえって切な

190

い人間の情を感じて嘆かずにはいられない気持ちになった。

　「ア、とうとうあなたにため息をさせてしまいましたね。それは僕ばかりのせいじゃなく月のせいでもあり、夏の夜のせいでもあります。でもよく幾夜も僕の夢遊病に付きあってくださいましたね。これが最後の夜と思えば名残惜しいけれどもう夜もじき明けます。僕たちはもうお別れしなくちゃ。平凡で常識な昼がやってきます。僕たちがせっかく夜中かかって摘み集めた抒情のにおいも高踏の花も散らされてしまいます」そして彼は無言で庭草をかき分けて歩きだしその場から立ち去った。

　結婚前夜、歳子はゆうきちに牧瀬の庭の夏の夜の話しをした。すると彼は思慮深そうに一考したのち、「美しい経験だね。夏の夜の夢と題してあなたのメモリーにしまっておくといいでしょう。そしてあなたの心が結婚生活に退屈したとき時々思い出してそのロマンチックなメモリーを反芻しなさい。僕も時々分けてもらおう」

　間もなく歳子は牧瀬が中央アジアへ決死的な古代建築の遺跡の発掘に出発したと兄から聞いた。

<　終り＞

191

11-1

「また出かけるのかね。今夜も。もう / 彼への気持ちを打ち切ったらどうだい」「えー、もう / 今夜まで。たった一晩だけ。ですから心配しないで。兄さんもご自分の勉強なさって」「ウン。そうか」「あ、兄さん。しゅろの花が咲いてますのよ。あの下のこずえに / 房のようにたくさん。私 / 何だかポチポチ冷たいものが顔に当たるので / 雨かしら / と思いましたらね。花がこぼれるのですわ」「お、しゅろの花が咲いたか。じゃ / 下をみてごらん。粟をまいたように、きれいに濡れているよ」「ハアハ、フフフ」歳子は屈んで / そっと地面を撫でてみた。掌のやわらかい肉付きに / さらりとした砂のような花の粒が薄くふれた。

彼女は暗中にかなくずを踏むという / 詩句を思い出した。そしてのうぜんかずらのアーチを抜けた。今夜の自分は / 兄とも / また自分の婚約者とも / まるで縁のないように思えた。〈岡本かの子、夏の夜の夢〉

兄の取りはからいで、友人のしずまゆうきちと婚約を結んだ歳子は / 二人から過剰すぎる寵愛を受けていたのだが、「私 / こんなのんきなことで / いいのでしょうか」「とは言っても / 何も無理して苦労を求めるのも不自然ですよ。まあ、のんきにしていられるうちは / しているんですね」

• • •

　歳子は / 未来の夫の頭のよさを信頼するとともに / あまりに包容力があることに / なぜだか / いくらかの反感を抱いた。兄の家に泊まりに訪れて間もない日のこと。昼に食べた / バニラアイスの香気が強かったのか / 眠れぬ歳子は / 寝間着の上に / 兄が洋行みやげに買ってきてくれた / 網糸のシャーレを羽織り / 外へ出てみた。「誰かしら?」「や、いい夜ですね。曽我さんの妹でしょう。中へ入りませんか」この方は / 一体。「兄がこの近所に / 学校の後輩の家があると言ってたけど / それでしょうか」

　青年とバッタリ顔を見合わせて / 立ち止まった彼女の胸には何か / ものなつかしいようなものが過った。月光に / 明瞭に / 照らされた青年の顔は / 端正な目鼻立ちにかすかな憂愁を帯びていた。「今夜 / うちの庭は / とってもいいですよ」「ありがとう。でも…」「心配なさることはありません。あんたのお兄さんは / 僕を知っているはずですよ。あの人は / 僕の高校の先輩です」その青年は牧瀬と言った。

　その夜から / 牧瀬の庭を知り / その池の周囲の饗宴を知った。それは淡々とした / 味を持ちつつ、なんとなく / 気がかりの魅惑が彼女を引きつけた。翌朝、兄に話すと / 「牧瀬が帰ってきてると聞いたが、やっぱりそうか。ウン、あの男は天才的だけど / 変わり者だ。根は君子だが / そうさな。彼との交際は別に / 毒になるほどでもないが / 薬にもならんね」

번역

195

それから / 二十日ばかりの間に / 七、八夜ほど / 牧瀬の庭へ遊びに行ったが、婚約者の家へ帰る日も近づいたころ、いよいよ / 最後の夜の交際だと思い、いばらの垣根の門をくぐった。「今夜あたりは / あなたが来そうな晩だと思いましたよ。月の出が / 初めてお目にかかった晩と / 同じですからね。」クローバーが / 厚く生え重なったあたりに席をとって / 牧瀬と歳子は / もう三十分も神経を解放し / ただ黙って / 夏の夜のかもす濃厚で / 爽やかで / 多少腕白なところもある / 雰囲気に浸っていた。

「ああ、いい気持ち」「まだ / 眠くないですか」「はあ、眠くなっていられるほど / いい気持ちよ。それとも / これは目が覚めていながら / 寝ている状態なのかしら」「ウフン、喉が渇きませんか。今夜はこれをご覧なさい。おいしいですよ。水晶柘榴のシロップです」「はあ。ありがとう」どういうわけか / 今夜の彼からは / 淡々とした話しぶりの底に / 熱い情熱がほとばしり / 歳子をしばしば動揺させた。そして彼はしきりに / 恋愛の話をしたがった。

「この夏の七、八夜 / あなたとここで話したメモリーは / 僕の一生のうちの / 最もすてきなメモリーになりそうです。あ、こんなこと言って / 失礼だったら許してください。あなたが / しずま君と結婚なさっても / 僕は / あなたの特異性をもらったような気がします」「私の特異性 / ですか」「あなたの特異性を強調していうなら、あなたは / 純潔な処女のまま / 受胎せよといったら / その気になる方らしいですかな。ハハハハハハ…」

11-4

　突然、牧瀬は立ち上がり、池のなぎさに「祈る人」のように
ひざまずき／歳子にもそれを促した。澄んだ湖面に二人の顔が映
った。しばらく見つめていると牧瀬が／「やっぱり／人間の男と女
だ。ハハハハハハ…」歳子はほとんど一晩／語りに語り続けた／青
年の言葉を聞き明かしたが、決して退屈しなかった。むしろ／青年
の言葉の底に／かえって切ない人間の情を感じて／嘆かずにはいられ
ない気持ちになった。

　「ア、とうとう／あなたに／ため息をさせてしまいましたね。そ
れは／僕ばかりのせいじゃなく／月のせいでもあり、夏の夜のせい
でもあります。でも／よく幾夜も／僕の夢遊病に付きあってくださ
いましたね。これが最後の夜と思えば／名残惜しいけれど／もう／
夜もじき明けます。僕たちは／もう／お別れしなくちゃ。平凡で常
識な昼がやってきます。僕たちがせっかく／夜中かかって摘み集め
た／抒情のにおいも／高踏の花も／散らされてしまいます」そして
彼は／無言で庭草をかき分けて歩きだし／その場から立ち去った。

　結婚前夜、歳子はゆうきちに／牧瀬の庭の／夏の夜の話しをし
た。すると／彼は思慮深そうに一考したのち、「美しい経験だね。夏
の夜の夢と題して／あなたのメモリーにしまっておくといいでしょ
う。そして／あなたの心が／結婚生活に退屈したとき／時々思い出
して／そのロマンチックなメモリーを反芻しなさい。僕も／時々分
けてもらおう」

　間もなく／歳子は／牧瀬が中央アジアへ／決死的な古代建築の
遺跡の発掘に出発したと／兄から聞いた。

아래의 일본어 질문에
일본어로 대답합시다.

① 主人公の名前は何ですか。
....

② 主人公は誰と結婚しますか。
....

③ 主人公と結婚する未来の夫はどんな人でしたか。
....

④ その未来の夫に主人公はどんな気持ちでしたか。
....

⑤ 主人公はどうして眠れませんでしたか。
....

⑥ 主人公は夜出かけて誰に出会いましたか。
....

⑦ 夜出会った青年はどんな顔をしていましたか。
....

⑧ その青年は誰の後輩でしたか。
....

❾ その青年の名前は何ですか。

❿ 主人公のお兄さんはその青年のことをどう評価していますか。

⓫ その青年は主人公に何の飲み物を渡しましたか。

⓬ その青年の言う主人公の特異性は何ですか。

⓭ 結婚前夜、歳子はゆうきちに何の話をしましたか。

⓮ ゆうきちは歳子に何を言いましたか。

⓯ 牧瀬青年はどこへ何をしにいきましたか。

⓰ この話を聞いて何を感じました

❶ とき子は屈んでそっと地面を撫でてみた。掌のやわら
かい肉付きにさらりとした砂のような花の粒が薄くふ
れた。　　　　　　　　　　　　　　　　　　・・ ▭

❷ 今夜の自分は姉ともまた自分の婚約者ともまるで縁の
ないように思えた。　　　　　　　　　　　　　・・ ▭

❸ 兄の取りはからいで、友だちのしずまゆうきちと婚約
を結んだ歳子は二人から過剰すぎる寵愛を受けていた
のだが…。　　　　　　　　　　　　　　　　　・・ ▭

❹ 歳子は未来の夫の頭のよさを信頼するとともにあまりに
包容力があることになぜだかいくらかの反感を抱いた。・・ ▭

❺ 昼に食べたバニラアイスの香気が強かったのか眠れぬ
歳子は寝間着の上に兄が洋行みやげに買ってきてくれ
た網糸のシャーレを羽織り外へ出てみた。　　　・・ ▭

202

⑥ 兄がこの近所に学校の後輩の家があると言ってたけ
　どそれでしょうか。　　　　　　　　　　　　　‥ ☐

⑦ 月光に明瞭に照らされた青年の顔は端正な目鼻立ちに
　かすかな憂愁を帯びていた。　　　　　　　　　‥ ☐

⑧ 青年とバッタリ顔を見合わせて立ち止まった彼女の胸
　には何かものなつかしいようなものが過った。　‥ ☐

⑨ それは淡々とした味を持ちつつ、なんとなく気がかり
　の魅惑が彼女を引きつけた。　　　　　　　　　‥ ☐

⑩ むしろ青年の言葉の底にかえって切ない人間の情を感
　じて嘆かずにはいられない気持ちになった。　　‥ ☐

❶ 밤늦게 외출하는 동생에게 무슨 말을 어떻게 할지 생각해 보세요.

❷ 무슨 꽃을 좋아하는지, 왜 그 꽃을 좋아하는지 말해 보세요.

❸ 여자 주인공의 약혼자와 같이 머리는 좋으나 너무나도 포용력이 큰 점에 대해서는 어떻게 생각하는지를 말해 보세요.

❹ 결혼을 앞둔 사람이 밤에 외출해서 낯선 남성(여성)과 같이 대화를 나누는 행위를 어떻게 생각하는지 말해 보세요.

❺ 자신의 약혼자가 밤에 외출해서 낯선 사람과 같이 대화를 나누는 것을 알았다면 상대에게 어떻게 할지 말해 보세요.

❻ 결혼 전날, 주인공의 고백에 반응한 약혼자의 태도에 대해 어떻게 생각하는지 말해 보세요.

❼ 여자 주인공에게 하고 싶은 말이 있다면 무엇인지 말해 보세요.

❽ 결혼을 앞두고 비록 순수한 관계라는 점은 알지만 약혼자가 낯선 이성과 밤늦게 대화하는 행위에 찬성하는지, 혹은 반대하는지 조별로 토론하고 결과를 적어봅시다.

찬성	반대

인터넷에서 夏の夜の夢에 관련한 자료를 검색해 봅시다.

- 作曲＆録音「岡本かの子 夏の夜の夢」-YouTube(2010.08.21)
- 東京乾電池が明治座に初登場！「煙草の害について」「夏の夜の夢」2...ナタリー-2017/03/13
- 〈元気人＠かながわ〉初句集を出版 元小学校教諭・田村ゆき子さん（71...東京新聞-2017/04/02
- 日本の芸術家・岡本太郎の母「岡本かの子」が愛した地、神奈川県現川崎...エキサイトニュース -2017/02/11
- 「童女か聖女か」…伝説のアキンド女の恋愛/日経ウーマンオンライン-2012/09/20
- 沢尻エリカと瀬戸内寂聴の初対談が実現！紆余曲折を経た"エリカ様"は... 耳マン-2017/03/03
- 川端康成が見た文学史 邸宅から夏目漱石の書など発見/ 岐阜新聞-2017/01/24
- 「自分がどんな人であるかを知ってもらいたい」は永遠に若者の悩みなの ...エキサイトニュース -2016/10/22
- 日本女性の強さを代表 瀬戸内寂聴と沢尻エリカの対談が実現! Japan芸能カルチャー研究所（プレ スリリース)-2017/03/04
- ホテルニューカマクラ(旧山縣ホテル)ってどんなホテル? かつて、芥川...はまれぽ.com-2014/04/07
- 安野モヨコが日本近代文学を編む文庫シリーズ、第1弾は「女体」CINRA.NET（シンラドットネット) -2016/04/18
- 【私のハマった3冊】親と子の"愛情の往復書簡" 懐かしいお弁当の情景 ASCII.jp-2014/07/04
- 結婚もできんような大人は１人前とは言えない「とと姉ちゃん」112回エキサイトニュース-2016/08/11
- 「百塔の街」を実感！プラハの旧市庁舎塔から世界遺産の街並みを楽しもうエキサイトニュース -2017/02/25
- 碑前祭、高校生ら献花 一宮／千葉/毎日新聞-2016/05/29
- 団青年座スタジオ公演№117『二人だけのお葬式』、吉永仁郎未上演の ... エンタステージ -2015/09/11
- 途切れぬ恋と数回の結婚〜究極のアキンド女!? 日経ウーマンオンライン-2012/10/04
- 江古田のスタジオで朗読劇 ベテラン声優・矢島正明さんが演出練馬経済新聞-2016/04/28

Episode 12

愛の賛歌(1949年)

水谷まさる(1894年～1950年) 作
きくドラ 脚色

아는 단어(혹은 모르는 단어)를
체크하면서 이하의 문장을 들어봅시다.

　　初夏がめぐり、山に、野に、町に、戦争に負けた日本に光をみ
なぎらす。木も花も娘たちも喜びに輝く。初夏は眩い光の天使であ
る。「ご機嫌よう。清子さん。ずいぶんよくなったそうね」「え、英
子さん。全快よ。でもね、下手をするとさようなら。天国でお会い
しましょうだったの。まあ、春美さんも」「清子さん。あなたが教室
にいないと歯が抜けたみたい。ねえ、チョコレートはいかが?」「は
あ。すてき!大好き。春美さん。とっても考えがいいわ。サンキュ
ーベリマッチ。おいしいチョコレートと初夏の陽気を楽しめるなん
て。私たち幸福の中にいるのね」「おいしいわ。フフフ、ハハハ」〈愛
の賛歌〉水谷まさる

　　三人の仲良し。清子と春美と英子が通うのは郊外にある明光学
院女子高等部。初夏の光は女学校を、そして生徒たちの心を明るく
照らしました。ですがその日、思いがけない出来事が起こりました。
「みなさん。静かに!誰がこんないたずらをしたのですか。考えるこ
とができません。先生に何か仕返しでもしようというのですか」先
生は顔を青くし眉をしかめました。その理由は先生の机の中に毛虫
がいたからでした。

　　「誰がしたいたずらか尋ねています。名乗らないのはどういうわ
けですか。こんないやな気持では英語を教えることはできません」誰

も名乗り出ないまま三十分が過ぎました。学生たちはまるでしめぎに
かけられているような気持でした。「いらいらしていらっしゃる」「額
に青筋」「心をさらわれてしまった」早くいたずらをした人が謝れば
いいのに、そう思いました。そしてその時です。

　「わあ、先生! 私の机の中にも毛虫がいました。先生のお机の毛
虫と同じ毛虫です」「先生。私のなかにも見つけました」「やはり私
もです」机の中に同じように毛虫がいた学生が五、六人声をあげま
した。すると先生の顔はだんだん明るくなっていきました。

　「みなさん。私が正しく考えませんでした。これは生徒の誰かが
したわけではないと思います。おそらく戦争で家を失くした、どこ
かの子供がしたのでしょう。何かを取ろうとして、机が空だったも
のですから、はらいせに毛虫を入れたのでしょう。学課を始めます」

　「ねえ清子さん。本当に戦争には負けたくないわ。もうしてもら
ってはいやだわ」「そうね、英子さん。私たちもいくらか世の中のお
役に立ちたいわ。春美さん、何か考えはない?」「そこは名将のはか
りごとの如し。すでに考えたわ。夏休みに私たち三人で子供たちの
服を作りましょう。家を焼かれた子供たちに届けるの」「おお。それ
は名案、名言なり。遊んで暮らすのはもったいない」「オッケー。オ
ッケー。ザッツライト。アハハハ」

こうして三人は夏休みに毎日清子の家に集まって服を作ることにしました。おしゃべりをしながら作るのは楽しい仕事でした。そしてある日、一人の青年が清子の家にやってきました。絵の具で汚れているので絵描きなのは一目瞭然でした。「初めましてみなさん。清子さんのいとこの一郎です」「絵描きの玉子ね。お玉じゃくしかも。頭がモジャモジャ。鳥の巣みたい。ふけがたまりそう。フフフ、ハハハ」

　「一郎さん。私たちに用?」「ええ、あなたがたにお願いをしたいのです。僕に皆さんの絵を描かせてくれませんか。三人とも生き生きしているからモデルにはおあつらえむきだ」「まあ、私たちを?」「お礼はたくさんくれますか」「貧乏画家は今お礼をあげられません。ですが、展覧会に出品すれば必ず売れます」「では、仕方がない」「聞いてあげます。みんな美人ぞろいだから気をつけて描いてね」「かしこまりました」「てんさいぶっちゃって。モジャモジャ」

　「フフフフフ、チャター・ボックス」「へえ? 一郎さん。何か言った?」「いえ。では早速スケッチさせてもらいます」「さあ、それは気にせずもっと服を作りましょう。今日はもう、七枚できたわね」「私の方ができるから八枚だ」「メイクファースト、フールスピードだ。ねじをまけ、手にモーターをかけろ」「よせ、モーターをかけて

は手が吹っ飛んでゆく」「では、歌を歌おう。歌は心を明るくする」
「それでは出発」

　進行一。きてき、きせい　しんばしを　はや　わが　きしゃは
はなれたり、あたごの山に　いいのこる、つきを　旅路の　友とし
て。みぎは　たかなは　せんがくじ…….

　三人は毎日せっせと服を作りました。そうしてできた服を数え
てみるとちょうど百枚になっていました。清子はこれならもう大丈
夫。早く子供たちを喜ばせてあげよう、そう思いました。
　三人は吉祥寺の駅に集まり家のない子供たちの暮らす寮を訪ね
ました。「ごめんください。ここに住んでいらっしゃる子供のために
服を作ってきました」「そうですか。それはよいことをしてくださ
いました。子供たちはぼろ服を着ています。食べるのがやっとで服
にはとても手が回りません」「全部で百枚です」「へえ。百枚? あな
たがたのやさしい手でそんなに?どうもありがとうございます。百枚
あれば間に合います」「あ、間に合ってよかった」「それでは安心し
て帰ります」「あ、ちょっと、ちょっと。どうか、お名前を教えてく
れませんか」「名乗るほどのものではありません」「名前が知れては

せっかくしたことが何にもなりません」「わかりませんか。私たちの気持ちがお分かりいただけなければ服をもって帰ります」「いえいえいえ。よくわかりました。すっかりわかりました。頭が悪いもので大変失礼しました」「後で頭に水をかぶったらいいでしょう」「お言葉とおりにいたします」「ハハハ、エヘヘ、ごめんなさい」「清子さん…」

　三人が寮を去ったあと、子供たちはさっぱりとした服をもらい大喜び。子供たちのお父さんやお母さんたちは名も知らぬ少女たちに感謝しました。そして後日このことは新聞の記事になり人々の心を温かくしました。

　三人の両親たちは娘たちを誇りに思い、盛大なお祝いの会を開きました。お母さんたちは腕によりをかけ、おいしいごちそうを山のように作りました。

　「ありがとう。お父さん、お母さん。今日は私たちが上席ね」「大したものだな」「えっ、ヘン」「それじゃ、みなさん。いただきます」「おいしいあんかけね。鶏のスープも酢豚もすこぶる絶品。ウーン、お刺身も新鮮。どれ、松茸のおすいものをずずいと、シュウマイ熱々。ほうれん草のビーヤサイもいいお味。このカツレツ分厚くてすばらしいわ」「もう一枚、天下一品」「すばらしいの二倍だ」

「こんな大きな伊勢海老初めて。なかになんか入ってる」「どれ、まず舌の上に置いて」「よろしくおやんなさいっと」「おかあさん、お赤飯おかわり」「どんぶりに山盛りこてもりよ」「イエス、イエス、ミートゥー、ハハハ」

　「ハハハ、まるで三羽の小鳥だね。明るいね」「一郎さんももっと召し上がったら?私たちを描いた絵、売れたんでしょう。ブラボー。嬉しいわ」「え、あなたがたのおかげです。戦争に負けた日本には新しい美が必要です。あなたがた三人の姿がまさにそれだったのです」

　「あ、このお汁粉、黄色い栗が入ってるわ」「甘いぞ。すてきだ。これより甘いものはなし」「ほっぺを押さえておかねば…」「ぶどうとりんごもある。ちょうだい。ちょうだい」「ハハハ、全くあなたがたはねえ、チャター・ボックスって英語、知ってますか」「ウン、こんな時にテスト?」「あれ。その言葉、前も聞いた」「チャターボックス。おしゃべりって意味だよ」「まあ、ひどい」「私たちの絵でもうけておいて」「お礼ははずんでもらおうか」「アッハハハ、アッハハハ、アッハハハ、アッハハハ」

<終り>

213

12-1

　初夏がめぐり、山に、野に、町に、戦争に負けた日本に / 光をみなぎらす。木も / 花も / 娘たちも / 喜びに輝く。初夏は / 眩い光の天使である。「ご機嫌よう。清子さん。ずいぶんよくなったそうね」「え、英子さん。全快よ。でもね、下手をすると / さようなら天国で / お会いしましょうだったの。まあ、春美さんも」「清子さん。あなたが教室にいないと / 歯が抜けたみたい。ねえ、チョコレートはいかが?」「はあ。すてき! 大好き。春美さん。とっても考えがいいわ。サンキューベリマッチ。おいしいチョコレートと初夏の陽気を楽しめるなんて。私たち / 幸福の中にいるのね」「おいしいわ。フフフ、ハハハ」〈愛の賛歌〉水谷まさる

　三人の仲良し。清子と / 春美と / 英子が通うのは / 郊外にある / 明光学院 / 女子高等部。初夏の光は / 女学校を、そして生徒たちの心を / 明るく照らしました。ですがその日、思いがけない出来事が起こりました。「みなさん。静かに!誰がこんないたずらをしたのですか。考えることができません。先生に / 何か仕返しでもしようというのですか」先生は顔を青くし / 眉をしかめました。その理由は / 先生の机の中に / 毛虫がいたからでした。

12-2

　「誰がしたいたずらか尋ねています。名乗らないのはどういうわけですか。こんないやな気持では / 英語を教えることはできません」誰も名乗り出ないまま / 三十分が過ぎました。学生たちは / まるでしめぎにかけられているような気持でした。「いらいらしていらっしゃる」「額に青筋」「心をさらわれてしまった」早くいたずらをした人が謝ればいいのに、そう思いました。そして / その時です。

　「わあ、先生! 私の机の中にも毛虫がいました。先生のお机の毛虫と同じ毛虫です」「先生。私のなかにも見つけました」「やはり私もです」机の中に / 同じように毛虫がいた学生が / 五、六人声をあげました。すると先生の顔は / だんだん明るくなっていきました。

　「みなさん。私が正しく考えませんでした。これは / 生徒の誰かがしたわけではないと思います。おそらく / 戦争で家を失くした、どこかの子供がしたのでしょう。何かを取ろうとして、机が空だったものですから、はらいせに毛虫を入れたのでしょう。学課を始めます」

「ねえ清子さん。本当に / 戦争には負けたくないわ。もう / してもらってはいやだわ」「そうね、英子さん。私たちも / いくらか世の中のお役に立ちたいわ。春美さん、何か考えはない?」「そこは名将のはかりごとの如し。すでに考えたわ。夏休みに / 私たち三人で / 子供たちの服を作りましょう。家を焼かれた子供たちに届けるの」「おお。それは名案、名言なり。遊んで暮らすのはもったいない」「オッケー。オッケー。ザッツライト。アハハハ」

　こうして三人は / 夏休みに / 毎日 / 清子の家に集まって / 服を作ることにしました。おしゃべりをしながら作るのは / 楽しい仕事でした。そしてある日、一人の青年が / 清子の家にやってきました。絵の具で汚れているので / 絵描きなのは / 一目瞭然でした。「初めましてみなさん。清子さんのいとこの一郎です」「絵描きの玉子ね。お玉じゃくしかも。頭がモジャモジャ。鳥の巣みたい。ふけがたまりそう。フフフ、ハハハ」

　「一郎さん。私たちに用?」「ええ、あなたがたにお願いをしたいのです。僕に / 皆さんの絵を描かせてくれませんか。三人とも生き生きしているから / モデルにはおあつらえむきだ」「まあ、私たちを?」「お礼はたくさんくれますか」「貧乏画家は / 今 / お礼をあげられません。ですが、展覧会に出品すれば / 必ず売れます」「では、仕方がない」「聞いてあげます。みんな / 美人ぞろいだから / 気をつけて描いてね」「かしこまりました」「てんさいぶっちゃって。モジャモジャ」

12-4

「フフフフフフ、チャター・ボックス」「へえ? 一郎さん。何か言った?」「いえ。では早速 / スケッチさせてもらいます」「さあ、それは気にせず / もっと服を作りましょう。今日はもう、七枚できたわね」「私の方ができるから / 八枚だ」「メイクファースト、フールスピードだ。ねじをまけ、手にモーターをかけろ」「よせ、モーターをかけては / 手が吹っ飛んでゆく」「では、歌を歌おう。歌は心を明るくする」「それでは / 出発」

　進行一。きてき、きせい　しんばしを　はや　わが　きしゃは　はなれたり、あたごの山に　いいのこる、つきを　旅路の　友として。みぎは　たかなは　せんがくじ……

　三人は / 毎日 / せっせと / 服を作りました。そうしてできた服を数えてみると / ちょうど百枚になっていました。清子はこれならもう大丈夫。早く子供たちを喜ばせてあげよう、そう思いました。

● ● ●

12-5

　　三人は吉祥寺の駅に集まり / 家のない子供たちの暮らす / 寮を訪ねました。「ごめんください。ここに住んでいらっしゃる子供のために服を作ってきました」「そうですか。それはよいことをしてくださいました。子供たちは / ぼろ服を着ています。食べるのがやっとで / 服には / とても手が回りません」「全部で百枚です」「へえ。百枚? あなたがたのやさしい手で / そんなに? どうもありがとうございます。百枚あれば / 間に合います」「あ、間に合ってよかった」「それでは / 安心して帰ります」「あ、ちょっと、ちょっと。どうか / お名前を / 教えてくれませんか」「名乗るほどのものではありません」「名前が知れては、せっかくしたことが / 何にもなりません」「わかりませんか。私たちの気持ちが / お分かりいただけなければ / 服をもって帰ります」「いえいえいえ。よく / わかりました。すっかり / わかりました。頭が悪いもので / 大変失礼しました」「後で頭に水をかぶったらいいでしょう」「お言葉とおりにいたします」「ハハハ、エヘヘ、ごめんなさい」「清子さん…」

　　三人が寮を去ったあと、子供たちは / さっぱりとした服をもらい / 大喜び。子供たちのお父さんやお母さんたちは / 名も知らぬ少女たちに / 感謝しました。そして後日 / このことは新聞の記事になり / 人々の心を温かくしました。

　三人の両親たちは／娘たちを誇りに思い、盛大なお祝いの会を開きました。お母さんたちは／腕によりをかけ、おいしいごちそうを山のように作りました。

　「ありがとう。お父さん、お母さん。今日は私たちが上席ね」「大したものだな」「えっ、ヘン」「それじゃ、みなさん。いただきます」「おいしいあんかけね。鶏のスープも／酢豚もすこぶる絶品。ウーン、お刺身も新鮮。どれ、松茸のおすいものをずずいと、シュウマイ熱々。ほうれん草のビーヤサイも／いいお味。このカツレツ／分厚くてすばらしいわ」「もう一枚、天下一品」「すばらしいの二倍だ」「こんな大きな伊勢海老／初めて。なかになんか入ってる」「どれ、まず舌の上に置いて」「よろしくおやんなさいっと」「おかあさん、お赤飯おかわり」「どんぶりに／山盛りこてもりよ」「イエス、イエス、ミートゥー、ハハハ」

　「ハハハ、まるで／三羽の小鳥だね。明るいね」「一郎さんももっと／召し上がったら? 私たちを描いた絵、売れたんでしょう。ブラボー。嬉しいわ」「え、あなたがたのおかげです。戦争に負けた日本には／新しい美が必要です。あなたがた三人の姿が／まさにそれだったのです」

　「あ、このお汁粉、黄色い栗が入ってるわ」「甘いぞ。すてきだ。これより甘いものはなし」「ほっぺを押さえておかねば…」「ぶどうとりんごもある。ちょうだい。ちょうだい」「ハハハ、全く／あなたがたは／ねえ、チャター・ボックスって英語、知ってますか」「ウン、こんな時にテスト?」「あれ、その言葉/前も聞いた」「チャターボックス。おしゃべりって意味だよ」「まあ、ひどい」「私たちの絵で／もうけておいて」「お礼は／はずんでもらおうか」「アッハハハ、アッハハハ、アッハハハ、アッハハハ」

❶ 三人の主人公の名前は何ですか。

....

❷ 三人の主人公は何の学校を通っていますか。

....

❸ どうして先生は顔を青くし眉をしかめましたか。

....

❹ 先生は何の科目を教えていましたか。

....

❺ 先生は机の中に誰が毛虫を入れたと思いましたか。

....

❻ 三人の主人公たちは夏休みに何をすることにしましたか。

....

❼ 一人の青年は三人の主人公たちに何を頼みましたか。

....

❽ その青年は誰の親戚でしたか。その親戚とどんな関係でしたか。

....

❾ その青年の名前は何ですか。

....

❿ 三人が集まった駅の名前は何ですか。

....

⓫ その三人はどこを訪ねましたか。

....

⓬ 三人の両親たちは自分の娘たちをどう思い、彼女たちのために何をしましたか。

....

⓭ この話を聞いて何を感じましたか。

....

❶ 木も花も娘たちも喜びに輝く。初夏は眩い光の天使で
　ある。　　　　　　　　　　　　　　　　　　　　・・ ☐

❷ 清子と春美と英子が通うのは郊外にある明光学院女子
　高等部。初夏の光は女学校を、そして生徒たちの心を
　明るく照らしました。　　　　　　　　　　　　　・・ ☐

❸ 名乗らないのはどういうわけですか。こんないやな気
　持では国語を教えることはできません。　　　　・・ ☐

❹ 先生は顔を青くし眉をしかめました。その理由は先生
　の机の中に弱虫がいたからでした。　　　　　　・・ ☐

❺ こうして三人は夏休みに毎日春美の家に集まって服を
　作ることにしました。　　　　　　　　　　　　・・ ☐

228

⑥ そしてある日、一人の青年が清子の家にやってきました。絵の具で汚れているので絵描きなのは一目瞭然でした。 ‥ ☐

⑦ 三人は毎日せっせと服を作りました。そうしてできた服を数えてみるとちょうど100枚になっていました。 ‥ ☐

⑧ 三人は六本木の駅に集まり家のない子供たちの暮らす寮を訪ねました。 ‥ ☐

⑨ 子供たちのお父さんやお母さんたちは名も知らぬ少女たちに感謝しました。そして後日このことはニュースの記事になり人々の心を温かくしました。 ‥ ☐

⑩ 三人の両親たちは娘たちを誇りに思い、盛大な送別会を開きました。 ‥ ☐

● ● ●

일본어로 대화합시다.

❶ 무슨 계절을 좋아하는지, 왜 그 계절을 좋아하는지 말해 보세요.

❷ 친한 친구의 좋은 점을 말해 보세요.

❸ 학창시절 수업 시간에 선생님이 화를 내신 적이 있다면 무슨 이유로 화를 내셨는지 말해 보세요.

❹ 학창시절 좋아한 선생님이 무엇을 가르치셨는지, 왜 그 선생님을 좋아했는지, 기억나는 에피소드는 무엇인지 말해 보세요.

❺ 세상에 도움이 되는 일 중에서 자신이 하고 싶은 일이 무엇인지 말해 보세요.

❻ 고교시절 학교에서 동아리활동을 하면서 있었던 에피소드를 말해 보세요.

❼ 스스로 만들 수 있는 것이 있다면 무엇인지 말해 보세요.

❽ 봉사활동을 하면서 겪은 에피소드와 봉사활동을 하고 난 뒤의 기분을 말해
보세요.

❾ 세 명의 여자 주인공들에게 하고 싶은 말을 해 보세요.

❿ 평소 두터운 신뢰를 받는 자선기관에서 부정을 저질렀는데, 그럼에도 불구하
고 그 자선기관에 자선하는 것에 찬성하는지, 혹은 반대하는지 조별로 토론
하고 결과를 적어봅시다.

찬성	반대

인터넷에서 愛の賛歌에 관련한 자료를 검색해 봅시다.

- 愛の讃歌 エディット・ピアフ-YouTube(2011.05.17.)
- 山口百恵-愛の賛歌-Dailymotion動画(2012.07.31.)
- 元宝塚トップスター大空ゆうひが歌唱の域を超えた表現力で歌いあげる...-2017/03/12
- 泰葉が語る「笑点メンバーの意外な一面」とは/ ニフティニュース-2017/03/19
- 野口五郎、国立西洋美術館で「愛の賛歌」を熱唱/ サンケイスポーツ-2016/07/27
- 大竹しのぶが紅白歌合戦で歌う「愛の讃歌」が物議醸す 和田アキ子が...livedoor-2016/12/27
- [おじゃる丸]人気ED「プリン賛歌」が復活 アニバーサリーバージョンが4月...マイナビニュース -2017/03/21
- 加藤登紀子がエディット・ピアフ生誕100周年に捧げる『愛の讃歌...PR TIMES(プレスリリース)- 2016/06/09
- 爆笑太田、母・瑠智子さんの葬儀でギャグ/日テレNEWS24-2016/11/13
- グランジ佐藤は前説、5月再演「愛の賛歌2015」の新キャスト発表/ナタリー-2015/04/07
- マンボウやしろ作「愛の賛歌2015」が新キャストで5月再上演決定お笑いナタリー-2015/02/22
- 山田邦子がスイカ仮面925としてバトルロイヤルに参戦…丸藤と愛の...スポーツ報知-2017/01/24
- 【ライブレポ・インタビュー】野口五郎、変わらぬ美声を響かせた45周年...BARKS-2017/02/09
- 第53回：「男はつらいよ」の原点となったフランス人情喜劇の瀧本美織が...エイガドットコム -2017/03/02
- 「さまざまな愛 表現」大阪でコンサート/ 毎日新聞-2017/01/11
- 朝日新聞阪神支局襲撃事件の犠牲者追悼…テロ撲滅願い絵画展、兵庫... 産経ニュース-2016/09/29
- 元宝塚男役トップスター 龍真咲 王子をイメージした衣装でファンの前に... 日刊エンタメクリップ(プレスリリース)(ブログ)-2017/01/23
- アルジャー花祭り、22日開幕＝「愛の賛歌」を花で表現/ニッケイ新聞-2015/08/07
- ソロ5周年の吉川友さん、節目のシングルは「今までで一番難しい曲」THE PAGE-2016/05/15
- フィギュアスケート鈴木明子が平沼有梨のコンサートに登場、「愛の賛歌 ... CDJournal.com- 2014/04/23

1. 신문 사이트

- 朝日新聞デジタル：朝日新聞社のニュースサイト www.asahi.com/
- 毎日新聞のニュース・情報サイト https://mainichi.jp/
- ニュース速報：読売新聞（YOMIURI ONLINE） www.yomiuri.co.jp/
- 中日新聞(CHUNICHI Web) www.chunichi.co.jp/
- 東京新聞(TOKYO Web) www.tokyo-np.co.jp/
- 毎日新聞社 www.mainichi.co.jp/
- 日刊スポーツ：nikkansports.com www.nikkansports.com/
- 中日スポーツ(CHUNICHI Web) - 中日新聞 www.chunichi.co.jp/chuspo/
- デイリースポーツ online https://www.daily.co.jp/
- 朝日・日刊スポーツTOP｜smart.asahi.com/m/asahi.php
- 西日本新聞：九州のニュース https://www.nishinippon.co.jp/
- 産経ニュース www.sankei.com/
- 京都新聞 www.kyoto-np.co.jp/
- スポニチ Sponichi Annex www.sponichi.co.jp/
- 日本海新聞 Net Nihonkai www.nnn.co.jp/
- 日本経済新聞社 www.nikkei.co.jp/nikkeiinfo/
- 神戸新聞NEXT https://www.kobe-np.co.jp/
- 長崎新聞ホームページ：長崎のニュース、話題、スポーツ www.nagasaki-np.co.jp/
- 徳島新聞社 www.topics.or.jp/
- NHKオンライン www.nhk.or.jp/
- 日刊工業新聞 電子版 https://www.nikkan.co.jp/
- 北海道新聞の速報ニュース｜どうしんウェブ／電子版 dd.hokkaido-np.co.jp/
- 宮崎日日新聞社 - Miyanichi e-press www.the-miyanichi.co.jp/
- 紙之新聞サイト kaminoshinbun.seesaa.net/
- 岐阜新聞 Web www.gifu-np.co.jp
- 上毛新聞ニュース・ぐんまの話題と情報 www.jomo-news.co.jp/
- 朝日学生新聞社 ジュニア朝日 www.asagaku.com/
- 埼玉新聞｜埼玉の最新ニュース・スポーツ・地域の話題 www.saitama-np.co.jp/
- 山陰中央新報 - ホームページ www.sanin-chuo.co.jp/

- 高知新聞 https://www.kochinews.co.jp/
- 電気新聞ウェブサイト https://www.denkishimbun.com/
- 南日本リビング新聞社 www.m-l.co.jp/
- 四国新聞社 | 香川のニュース
- https://www.shikoku-np.co.jp/

2. 뉴스 사이트

- 映像ニュース - Yahoo!ニュース　https://headlines.yahoo.co.jp/videonews/
- テレ朝news | テレビ朝日　news.tv-asahi.co.jp/
- TBSニュース　news.tbs.co.jp/
- ニュース・情報 | 日本テレビ　www.ntv.co.jp/news-info/
- ニュース同時提供中 | NHKニュース　www3.nhk.or.jp/news/live/
- NHK NEWS WEB | NHKのニュースサイト　www3.nhk.or.jp/news/
- www.fnn-news.com: フジテレビ系列28局がお届けするニュースサイト
- 報道・情報 - フジテレビ　www.fujitv.co.jp/news/
- 中京テレビニュース　www.ctv.co.jp/realtime/
- ニュース | AKT秋田テレビ　www.akt.co.jp/news
- みんなのニュース - フジテレビ　www.fujitv.co.jp/minnanonews/
- 東海テレビ | 報道・ニュース　tokai-tv.com/news_program/
- OTV沖縄テレビ － ニュース 天気 番組情報 イベント プレゼントwww.otv.co.jp/
- 関西のニュース | 関西テレビ放送 カンテレ　www.ktv.jp/news/
- ニュースevery日本海/日本海テレビ　www.nkt-tv.co.jp/news_every/
- BBT WEB | 富山テレビ放送 公式サイト　www.bbt.co.jp/
- さくらんぼテレビ みんなのニュース　www.sakuranbo.co.jp/news/
- ニュースポート | サンテレビ　sun-tv.co.jp/newsport
- ニュース | 静岡朝日テレビ　www.satv.co.jp/0100news/
- 福井テレビ www.fukui-tv.co.jp/?page_id=201
- 三重テレビ ニュースウィズ www.mietv.com/program/local/wide-news.html
- トップページ | UMK テレビ宮崎 https://www.umk.co.jp/
- KTS鹿児島テレビ www.kts-tv.co.jp/
- ニュースリアル | TVO テレビ大阪 www.tv-osaka.co.jp/newsreal/news/
- ニュース | テレビ愛媛 www.ebc.co.jp/news/

- エリアニュース - NNNニュース www.kyt-tv.com/nnn/area.html
- KBCニュースピア｜KBC九州朝日放送 www.kbc.co.jp/news/np/
- TSB マイチャン。テレビ信州｜ホーム www.tsb.co.jp/
- 報道・スポーツ｜テレビ愛知 tv-aichi.co.jp/news/
- UTYテレビ山梨 www.uty.co.jp/
- 報道ニュース - テレビ東京 www.tv-tokyo.co.jp/biz/
- FTV｜福島テレビ www.fukushima-tv.co.jp/
- テレビ金沢 www.tvkanazawa.co.jp/
- トップページ テレビ和歌山 www.tv-wakayama.co.jp/
- みんなのテレビUHB：北海道文化放送 uhb.jp

3. 잡지 사이트

- WEB本の雑誌 www.webdoku.jp/
- ar（アール）- 女性ファッション雑誌ガイド
- www.magazine-data.com/women-magazine/ar.html
- 主婦の友社 公式サイト www.shufunotomo.co.jp/
- リンネル（Liniere） 宝島社の女性ファッション誌 tkj.jp/liniere/
- 宝島社の公式WEBサイト 宝島チャンネル tkj.jp/
- GLOW（グロー） 宝島社の女性ファッション誌 tkj.jp/glow/
- 大人のおしゃれ手帖 宝島社の雑誌 tkj.jp/osharetecho
- オトナミューズ 宝島社の雑誌 tkj.jp/otonamuse/
- GLOW(グロー) 宝島社の女性ファッション誌 tkj.jp/glow/
- InRed(インレッド)宝島社の女性ファッション誌 tkj.jp/inred/
- sweet(スウィート)宝島社の女性ファッション誌 tkj.jp/sweet/
- リンネル(Liniere) 宝島社の女性ファッション誌 tkj.jp/liniere/
- steady.（ステディ.） 宝島社の女性ファッション誌 tkj.jp/steady/
- 雑誌『プレジデント』の公式サイト www.president.co.jp/pre/
- MUSICA(ムジカ)｜日本のロック情報満載の月刊音楽雑誌 www.musica-net.jp/
- Mart[マート]公式サイト｜TOP｜光文社 mart-magazine.com/
- NET ViVi｜講談社『ViVi』オフィシャルサイトwww.vivi.tv/
- 雑誌『オートメカニック』内外出版社 www.naigai-p.co.jp/automechanic/
- 雑誌『家庭画報』公式サイトwww.kateigaho.com/

- 雑誌｜学研出版サイト hon.gakken.jp/magazine/
- 雑誌「カメラ日和」公式サイト www.camerabiyori.com/
- モノ・マガジン公式サイト mono online www.monomagazine.com/
- mer(メル) オフィシャルWEBサイト mer-web.jp/
- 雑誌『GOLD』公式サイト www.gold-web.jp/
- 食の専門雑誌『料理王国』公式サイト www.cuisine-kingdom.com/
- 文春オンライン｜週刊文春も読めるニュースサイト bunshun.jp/
- 水石の雑誌 月刊愛石／愛石事典 www.ai-seki.com/
- 働く女性・ワーママのための生活実用誌"CHANTO"ちゃんと chanto.jp.net/
- モーニング公式サイト - モアイ morning.moae.jp/
- 名古屋の女性雑誌【月刊ケリー（KELLy）】kelly-net.jp/
- 科学雑誌Newton（ニュートン） www.newtonpress.co.jp/
- nina's ［ニナーズ］ www.ninas-web.jp/
- ホール情報誌 でちゃう！ 公式ホームページ www.dechau.com/
- HONEY(ハニー)｜海とサーフィンがコンセプトの女性雑誌 honey-mag.jp/

4. 낭독(유튜브)

- シャーロック・ホームズ　六つのナポレオン
- 朗読・山本周五郎「雨あがる」
- [海外短編小説] オーヘンリー作「20年後」　朗読　小野文恵
- 朗読]山月記 江守徹
- 《朗読》夏目漱石『こころ』（全）
- 朗読・山本周五郎「つゆのひぬま」
- 一握の砂　石川啄木 松島トキ子
- 宮沢賢治　風の又三郎　市原悦子
- 朗読：金子みすず詩集より「ながいゆめ」「おふろ」「さみしい王女」
- 走れメロス　太宰 治 Ted Hidaka
- わたしが一番きれいだったとき By 茨木のり子
- 太宰治 作「嘘」
- 朗読 絵本『わすれられないおくりもの』
- 佐藤浩市「生きる」朗読
- 朗読：芥川龍之介作「蜜柑」

- 渡辺謙「雨ニモマケズ」朗読
- 能登麻美子 詩の朗読
- 高倉健の朗読 日本の歴史的演説 あなたへのおすすめ

5. 영상 드라마(네이버 영화, 유튜브) *이하의 한글 제목을 입력하면 해당 드라마나 영화를 다운로드(유료/무료) 받을 수 있습니다.

- 무인 도시이에(利家とまつ)
- 무사시(武蔵)
- 바람의 검 신선조(新撰組)
- 요시쓰네(義経)
- 공명의 갈림길(巧妙が辻)
- 풍림화산(風林火山)
- 아쓰히메(篤姫)
- 천지인(天地人)
- 료마전(竜馬伝)
- 다이라노 기요모리(平清盛)
- 야에의 벚꽃(八重の桜)
- 미토코몬(水戸黄門)
- 닥터진(仁)
- 실록 오쿠 쇼군의 여인들(大奥)
- 가정부 미타(家政婦のミタ)
- 세상살이 원수 천지(渡る世間は鬼ばかり)
- 마루모의 규칙(マルモの掟)
- 돈이 없어(お金がない)
- 한 지붕 밑(一つ屋根の下)
- 속도위반 결혼(出来ちゃった結婚)
- 춋쨩이 간다(ちょっちゃんが行くわよ)
- 세자매(笑う三姉妹)
- 11명이나 있어(11人もいる)
- 카네이션(カーネーション)
- 게게게 여보(ゲゲゲの女房)
- 노다메 칸타빌레(のだめカンタービレ)
- 간호사의 일(ナースのお仕事)

- 야마토나데시코(やまとなでしこ)
- 나와 스타의 99일(僕とスターの99日)
- 천체관측(天体観測)
- 결혼 못하는 남자(結婚できない男)
- 끝에서 두 번째 사랑(最後から二番目の恋)
- 아네고(アネゴ)
- 청의 시대(青の時代)
- 꿈을 이루어주는 코끼리(夢をかなえる象)
- 호타루의 빛(蛍の光)
- 신이시여, 조금만 더(神様、もう少しだけ)
- 프로포즈 대작전(プロポーズ大作戦)
- 사랑한다고 말해 줘(愛していると言ってくれ)
- 꽃보다 남자(花より男子)
- 워터보이즈(ウォーターボーイズ)
- 여왕의 교실(女王の教室)
- 3학년 B반 긴차피 선생(3年B組金八先生)
- 사랑하고 있니(愛し合っているかい)
- 드래곤 사쿠라(ドラゴン桜)
- 고쿠센(ごくせん)
- 히어로(HERO)
- 후루하타 닌자부로(古畑任三郎)
- 트릭(TRICK)
- 파트너(相棒)
- 용사 요시히코와 마왕의 성(勇者ヨシヒコと魔王の城)
- 춤추는 대수사선(踊る大捜査線)
- 삼색털 고양이 홈즈의 추리(三毛猫ホームズの推理)
- 럭키세븐(ラッキーセブン)
- 스펙(SPEC)
- 더 퀴즈쇼(ザ・クイズショー)
- Answer~경시청 검증 수사관(Answer~警視庁検証捜査官)
- 운명의 인간(運命の人)
- 하얀거탑(白い巨塔)
- 구명명동 24시(救命病棟24時)
- 닥터 고토의 진료소(Dr.コト-診療所)
- 사토라레(サトラレ)

- 프라이드(プライド)
- 헝그리(ハングリー)
- 관료들의 여름(官僚たちの夏)
- 임금님의 레스토랑(王様のレストラン)

6. 영화(네이버 영화, 유튜브) *아래의 한글 제목을 입력하면 해당 영화를 다운로드(유료/무료) 받을 수 있습니다.

- 올웨이즈 3번가의 석양(ALWAYS 三丁目の夕日)
- 강아지와 나의 열 가지 약속(犬と私の10の約束)
- 매일 엄마(毎日かあさん)
- 남동생(弟)
- 걸어도 걸어도(歩いても歩いても)
- 우리 개 이야기(犬の映画)
- 토일렛(トイレット)
- 홈리스 중학생(ホームレス中学生)
- 아수라처럼(阿修羅の如く)
- 논짱 도시락(のんちゃんのり弁)
- 짚의 방패(藁の楯)
- 레이디 스노우 블러드(修羅雪姫)
- 타나토스(タナトス)
- 변태가면(変態仮面)
- 탐정사무소(探偵事務所)
- 표류가(漂流街)
- 때리는 자(殴り者)
- 지옥이 뭐가 나빠(地獄でなぜ悪い)
- 골호(骨壺)
- 헬드라이버(ヘルドライバー)
- 시부야 괴담(渋谷怪談)
- 괴담 레스토랑(怪談レストラン)
- POV 저주받은 필름(POV呪われたフィルム)
- 요녀전설(妖怪伝説)
- 병원 괴담(病院怪談)
- 화장실의 하나코(トイレの花子)

- 안테나(アンテナ)
- 데스노트(デスノート)
- 기쿠지로의 여름(菊次郎の夏)
- 간주남 간주녀(さび男さび女)
- 인생이란 그런 것(ワラライフ)
- 오타쿠 여자친구(腐女彼女)
- 기네스 와이프(ギネスワイフ)
- 가타구리가의 행복(カタクリ家の幸福)
- 스페이스 트레벌러(スペーストラベラーズ)
- 기사라즈 캐쓰아이(木更津キャッツアイ)
- 세균열도(細菌列島)
- 오아라이에도 별은 떨어져(大洗にも星は降るなり)
- 내 첫사랑을 너에게(僕の初恋を君に捧ぐ)
- 다만, 널 사랑하고 있어(ただ、君を愛している)
- 무사의 체통(武士の一分)
- 어게인(許せない、逢いたい)
- 징크스(ジンクス)
- 라무네(ラムネ)
- 크리스마스따위 정말 싫어(クリスマスなんて大嫌い)
- 러브송(ラブソング)
- 사랑의 언령(愛の言霊)
- 무지개색의 유리(虹色の硝子)
- 플래티나 데이터(プラチナデータ)
- 히노키오(ヒノキオ)
- 문차일드(Moon Child)
- 신의 퍼즐(神様のパズル)
- 아바론(アバロン)
- 리터너(リターナー)
- 버블에 GO! 타임머신은 드럼식(バブルへGO!タイムマシンはドラム式)
- 음양사(陰陽師)
- 리얼 완전한 수장룡의 날(リアル完全なる首長竜の日)
- 내 여친은 피규어(フィギュアなあなた)
- 쵸콜릿이 본 세계(ショコラの見た世界)
- 요괴인간 벰(妖怪人間ベム)
- 쓰바키야마 과장의 7일간(椿山課長の7日間)

- 지금 만나러 갑니다(いま、会いに行きます)
- 이 가슴 가득한 사랑을(この胸いっぱいの愛を)
- 전학생(転校生)
- 미래를 걷는 소녀(東京少女)
- 환생(輪廻)
- 별에 소원을(星に願いを)
- 언페어 더 앤서(アンフェア)
- 지고이 네르바이젠(ツィゴイネルワイゼン)
- 가위남(ハサミ男)
- 집오리와 들오리의 코인로커(アヒルと鴨のコインロッカー)
- 파트너(相棒)
- 라이어게임(ライアーゲーム)
- 기사라기 미키짱(キサラギ)
- 제너럴 루즈의 개선(ジェネラル・ルーズの凱旋)
- 중력 피에로(重力ピエロ)
- 퍼레이드(パレード)
- 부도리의 꿈(グスコーブドリの伝記)
- 에반게리온(エバンゲリオン)
- 파프리카(パプリカ)
- 게드전기(ゲド戦記)
- 공각기동대(攻殻機動隊)
- 초속 5cm(秒速5cm)
- 언어의 정원(言の葉の庭園)
- 늑대아이(狼子供の雨と雪)
- 어느 비행사에 대한 추억(ある飛行士への追憶)
- 주얼펫(ジュエルペット)
- 구로사기(クロサギ)
- 핸드폰 형사(ケータイ刑事)
- 방황하는 칼날(さ迷う刃)
- 누구를 위해(誰がために)
- 히어로(HERO)
- 아웃레이지 비욘드(アウトレイジビヨンド)
- 나락(新任女教師)
- 스케반 형사 코드네임(スケバン刑事コードネーム)
- 교섭인(交渉人)

- 춤추는 대수사선(踊る大捜査線)
- 송서 자살사건(松鼠自殺事件)
- 남극이야기(南極物語)
- 우미자루(海猿)
- 파워레인저(炎神戦隊)
- 요괴대전쟁(妖怪大戦争)
- 괴도가면(怪人二十面相)
- 괴물군(怪物君)
- 캐산(人造人間キャシャーン)
- 불의 요진(火要鎮)
- 꽃의 흔적(花のあと)
- 겐지이야기(源氏物語)
- 할복 사무라이의 죽음(一命腹切り)
- 자토이치(座頭市)
- 숨겨진 검(隠し剣)
- 바람의 검심(るろうに剣心)
- 무사의 가계부(武士の家計簿)
- 황혼의 사무라이(たそがれ清兵衛)
- 시노비(忍)

7. 라디오 드라마 (유튜브)

- シャーロック・ホームズ　六つのナポレオン
- 愛の賛歌/ きくドラ
- 松山鏡/ きくドラ
- 仙人/ きくドラ
- 星の王子様/ きくドラ
- こころと手/ きくドラ
- アラカルトの春/ きくドラ
- 小公女/ きくドラ
- どんぐりと山猫/ きくドラ
- 野菊のは墓/ きくドラ
- 泣いているお猫さん/ きくドラ

- 幸福な王子/ きくドラ
- アンナ・パブロオナ/ きくドラ
- トロッコ/ きくドラ
- 黄金風景/ きくドラ
- うた時計/ きくドラ
- 就職/ きくドラ
- 茄子畑/ きくドラ
- 外科室/ きくドラ
- 桜の園/ きくドラ
- 駆け込み訴え/ きくドラ
- 夏の夜の夢/ きくドラ
- 百合の花/ きくドラ
- 停車場にて/ きくドラ
- 女生徒/ きくドラ
- 灯篭/ きくドラ
- 漱石先生と私/ きくドラ
- 手袋を買いに/ きくドラ
- よだかの星」/ きくドラ

8. 애니메이션(유튜브, 네이버영화) - 아래의 한글제목을 입력하면 해당 애니메이션을 다운로드(유료/무료) 할 수 있습니다.

- 늑대아이(おおかみこどもの雨と雪)
- 귀를 기울이면(耳をすませば)
- 고쿠리코 언덕에서(コクリコ坂から)
- 천년여우(千年女優)
- 이누야사(犬夜叉)
- 이브의 시간(イブの時間)
- 안녕 우주전함 야마토(さらば宇宙戦艦ヤマト)
- 도쿄 마블 초콜릿(東京マーブルチョコレート)
- 파이브 스타 스토리스(ファイブスター物語)
- 장난스런 키스(いたずらなkiss)
- 지하환등극화-소녀춘(地下幻灯劇画-少女椿)
- 은발의 아기토(銀色の髪のアギト)

- 스즈미야 하루히의 소실(涼宮ハルヒの消失)
- 짱구는 못말려(クレヨンしんちゃん)
- 폭풍우 치는 밤에(あらしの夜に)
- 은혼(銀魂)
- 원피스(ワンピース)
- 닌자 보이 란타로(忍たま乱太郎)
- 메모리즈(メモリーズ)
- 개구리 중사 케로로(ケロロ軍曹)
- 이웃집 야마다 군(となりの山田君)
- 초코초코 대작전(チョコレート・アンダーグラウンド)
- 카우보이 비밥(カウボーイビバップ)
- 도라에몽(ドラえもん)
- 아즈망가 대왕(アズマンガ大王)
- 체포하겠어(逮捕しちゃうぞフルスロットル)
- 에반게리온(エバンゲリオン)
- 아스트로보이(鉄腕アトム)
- 파프리카(パプリカ)
- 스팀보이(スチームボーイ)
- 공각기동대(攻殻機動隊)
- 브레이크 블레이드(ブレイクブレイド)
- 애플시드(アップルシード)
- 벡실(ベクシル)
- 날아라 호빵맨(それいけ!アンパンマン)
- 009사이보그(サイボーグ009)
- 버닝 붓다맨(燃える仏像人間)
- 아수라(阿修羅)
- 헬싱(ヘルシング)
- 요수도시(妖獣都市)
- 데빌맨(デビルマン)
- 천사의 알(天使の卵)
- 단테스 인페르노(Dante's inferno)
- 모노노케(もののけ)
- 우로쓰키(うりつき)
- 진격의 거인(進撃の巨人)
- 미도리코(みどりこ)

- 나루토(なると)
- 베르세르크(ベルセルク)
- 드래곤볼Z(DRAGON BALL Z)
- 스트레이저(ストレインジャーズ)
- 크리스마스에 기적을 만날 확률(東京ゴットファーザーズ)
- 철근 콘크리트(鉄筋コンクリート)
- 천공의 성 라퓨타(天空の空ラピュタ)
- 모노노케히메(もののけ姫)
- 붉은 돼지(紅の豚)
- 명탐정 코난(名探偵コナン)
- 타이거 앤 버니(TIGER & BUNNY)
- 루팡3세(ルパン三世)
- 진구세주전설-북두의 권(真救世主伝説-北斗の拳)
- 홋타라케-잃어버린 마법의 섬(ホッタラケの島-遥と魔法の鏡)
- 강철의 연금술사(鋼の錬金術師)
- 가시나무왕(いばらの王)
- 스카이 크롤러(スカイ・クロラ)
- 페어리테일-봉황의 무녀(FAIRY TAIL-鳳凰の巫女)
- 썸머워즈(サマーウォーズ)
- 모모와 수상한 다락방의 요괴들(ももへの手紙)
- 시간을 달리는 소녀(時をかける少女)
- 별을 좇는 아이(星を追う子供)
- 포켓몬스터(ポケットモンスター)
- 마녀배달부 키키(魔女の宅急便)
- 센과 치히로의 행방불명(千と千尋の神隠し)
- 고양이의 보은(猫の恩返し)
- 이웃집 토토로(となりのトトロ)
- 바람 계곡의 나우시카(風の谷のナウシカ)
- 마법소녀 마토카 마기카(魔法少女まどかまぎか)
- 부도리의 꿈(グスコーブドリの伝記)

9. 옛날이야기(유튜브, 애니메이션)

- 桃太郎
- 夜なきうどん
- 金太郎
- 浦島太郎
- 三枚のお札
- ぶんぷく茶釜
- かぐや姫
- 花咲か爺さん
- おむすびころりん
- 鶴の恩返し
- わらしべ長者
- かちかち山
- さるかに合戦
- さる地蔵
- 天の羽衣
- 神様のうちわ
- 舌切り雀
- 笠地蔵
- しょんべん地蔵
- 天狗のかくれみの
- ホトトギスの弟
- 骨になった娘
- 夜泣き直しのお地蔵さん
- 鬼ばばと小僧
- 炭焼長者
- こぶとり爺さん

10. 교양 (유튜브)

- -宇宙の古代都市　球状星団
- サイエンス Zero 記憶のミステリー最新脳科学が解き明かす記憶の正体
- Next world 第1回 未来はどこまで予測できるのか
- NHK クローズアップ現代「"仕事がない世界"がやってくる！」
- サイエンスZERO【日本発！夢の新素材】
- サイエンスZERO 徹底解説！"宇宙の果て"に迫る！
- 池上彰"緊急"スペシャル｜日本の富裕層と貧乏人の現状...なぜ世界から格差はなくならないのか？
- 突き抜けた極限頭脳を持つ世界の天才スペシャル1
- 突き抜けた極限頭脳を持つ世界の天才スペシャル2
- 神の数式「第一回 この世は何からできているのか
- サイエンスZERO - コミュニケーションの根源 - 自閉症スペクトラム最新情報
- 〔コズミックフロントNEXT〕100年前の大予言 コンスタンチン・ツィオルコフスキー

11. 강연 (스피치) 및 연설 (유튜브)

- 基調講演 孫正義
- 野口嘉則 講演「自分という大地に根を張る生き方」ー自分本来の力を発揮する生き方
- 小泉進次郎 日本論語研究会1
- 失敗したときは自分を褒めよう|丸山翔太|
- 時間という財産: Hidetaka Nagaoka at TEDxSaku
- 好きから生まれるファンの作り方
- 中山弥栄塾　第13回「男と女が仲良くなれる法則Ｉ」
- 夢をあきらめたところからのスタート|太田 敬介|
- 日本人の精神とクリエイティブシンキング|山下春幸
- 地理と文化の新しい関係: 宇野 常寛 at TEDx Tokyo
- 新しいアイデアのつくり方|高橋晋平|TEDxTokyo
- あじわうことは進化すること: 諏訪綾子 at TEDxTokyo
- 日本における人身取引の根絶に向けて: 藤原志帆子 at TEDxTokyo
- 日本の美を取り戻す: 太刀川 英輔 at TEDxTokyo
- イノベーションを生み出す仕組み|堀江貴文|TEDxTokyo

- 人生の価値は、何を得るかではなく、何を残すかにある TEDxHimi
- 医療崩壊のすすめ|Hiroyuki Morita| TEDxKagoshima
- 才能は知らないうちにできるもの|中村俊介| TEDxFukuoka
- 感動を創造する言葉の伝え方 | Masaki Sato |
- 見方を変える、自分が変わる | Kenta Yamashita | TEDxKagoshima
- 結果だけが、あなたを守る|川鍋一朗 at TEDxKeio
- これからの未来に必要な教育とは？: Tomohisa Ote at TEDxSaku
- どうやればうまくなれるか。なぜうまくなるのか。| Masaaki |TEDxKagoshima
- 受け入れるという生き方 |佐々木美和| TEDxNagoyaU
- なんとかなる〜見えない大きな壁を乗りこえるには〜|Masayuki Noguchi| TEDxKagoshima
- ハングリー精神の新しい定義: 藤沢 久美 at TEDxTokyo
- あじわうことは進化すること: 諏訪 綾子 at TEDxTokyo
- 日本の離島は宝島: 鯨本 あつこ at TEDxTokyo
- 一歩前へ踏み出す勇気 | Yuji Arakawa | TEDxSophiaUniversity
- Reasons for religion- a quest for inner peace |Daiko Matsuyama| TEDxKyoto
- 3 Mindsets that Connect the World | Ryojun Shionuma | TEDxTohoku
- The value of movies: Naomi Kawase at TEDxTokyo
- 【武井壮の「大人の育て方」がマジ凄い！】オトナの学校 完全版
- 堀江貴文(ホリエモン) 伝説のスピーチ ー近畿大学卒業式ー
- マスコミが絶対報道しない麻生外相の名演説！英国人が語る日本一美しい写真から分かる日本人の心
- - 議会史に残る感動の名演説
- - 稲田朋美 歴史に残る名演説 主権国家とは
- - 【感動】芸人・田村淳の結婚式スピーチが泣ける
- - 結婚式の名スピーチ （笑いも取れて参考になる）
- - 「平成27年度近畿大学卒業式」iPS細胞研究所 山中伸弥教授メッセージ
- - 『あがり症を克服して堂々とスピーチする方法』全国1位現役アナウンサーが明かす
- - 第54回 外国人による日本語弁論大会「冷たい？日本人」ゼンギン シェブネム
- - 第14回さいたま市外国人による日本語スピーチ大会
- - いいとも【最終回】鶴平感動のスピーチ
- - 友近「新婦の友人」
- - 鈴木尚広 感動のスピーチ 涙の引退セレモニー 読売ジャイアンツ
- - 40000人を感動させた！橋下徹のど迫力演説@総選挙2012

12. 실용문 사이트

- 実用文とは何か - 就職・昇進論作文～書き方の作法 - Google Sites
- 読ませるビジネス・実用文の書き方｜実業之日本社
- 伝わる実用文（ビジネス文）・学術文の文章構成術 - ビジネス思考への転換
- 必携 手紙実用文辞典 - 三省堂辞書サイト
- 手紙の書き方 - ミドリ www.midori-japan.co.jp/letter/
- 「キャラレター」公式サイト（ショップ）｜キャラクターから手紙が届く
- 24年賀【公式サイト】／年賀状印刷2017 https://nenga.netprint24.jp/
- ビジネスメールの書き方～文例（社内メール・社外メール・社交メール）～
- ビジネスメール文例|ビジネスメールの教科書
- ビジネスメールの書き方・送り方が分かるテクニック集|ビジネスメールの

13. 소설 사이트

- 青空文庫 Aozora Bunko www.aozora.gr.jp/
- カクヨム - 「書ける、読める、伝えられる」新しい小説投稿サイト
- ハーメルン - SS・小説投稿サイト- https://syosetu.org/
- 小説投稿サイトのアルファポリス www.alphapolis.co.jp/webContStory/
- 小説が無料で読める！女子の小説総合サイト 魔法のiらんどNOVEL
- 無料小説ならエブリスタ estar.jp/
- 女性に人気の小説を読むなら ベリーズカフェ https://www.berrys-cafe.jp/
- ケータイ小説サイト 野いちご https://www.no-ichigo.jp/
- 小説を探す|小説サイト ベリーズカフェ
- ネット小説、どこで書くか？どこで見るか？- Paranoia Diary

14. 심리테스트 사이트

- なんでも鑑定団　http://with2.net/nandemo/
- 天国からのメッセージ　http://www.uremon.com/heaven/
- 心理テスト | GoisuNet　https://goisu.net/phycology.html
- 精神年齢測定 (心理テスト精神年齢)-arealme.com
- 絶対盛り上がる！飲み会で使える簡単にできる恋愛心理テスト！
- 恋の心理テスト♡３連発！
- 月曜から夜ふかし「絵を描く心理テスト」深層心理が気になる
- 怖いほど当たる!?簡単にできる恋愛心理テスト!!ぜひ恋している人に
- マジ？結構当たる恋愛心理テスト　今、恋している人にやってもらいたい
- 心理テスト！みんなで楽しもう♪パート１

15. 동화 사이트

- 福娘童話集 -世界と日本の童話・昔話集−福娘.com サイト一覧
- 無料 絵本・童話 iPadで読み聞かせできる絵本・童話 www.e-douwa.com/
- 昔話童話童謡の王国 www.douwa-douyou.jp/
- 童話投稿サイトのアルファポリス
- このサイト（童話の花束）について | 童話の花束 - JXTGグループ
- 天使・幻想世界・童話 | リヤドロ 公式サイト
- 全国高校生童話大賞 www.koukousei-douwa.jp/
- 月刊「少年シリウス」公式サイト | 月刊少年シリウス | 講談社コミックプラス
- 神獄塔 メアリスケルター www.compileheart.com/mary-skelter/
- 宮沢賢治の童話と詩 森羅情報サービス
- 無料 絵本・童話 スマホで読み聞かせできる絵本・童話 - e-童話
- ママは読み聞かせ上手 kanpakudowa.seesaa.net/

16. 시・수필 사이트

- 詩人たちの小部屋　mico.o.oo7.jp/poem/
- 詩・短歌・俳句・川柳小説 ランキング | 小説サイト ベリーズカフェ
- 風人ー創作詩サイト xfuuzinx.web.fc2.com/
- 詩と写真詩の創作サイト+ETERNITY+‐ODN
- 詩サイト-風祭夢灯- windcage.aikotoba.jp/
- 詩サイト：紅色の風が吹き荒れる場所㈹
- Category:日本の詩人-Wikipedia
- 詩人一覧-Wikipedia
- 偉人の名言・格言。日本・世界の有名人の言葉 | 癒しツアー　iyashitour.com
- 詩、おすすめの詩人と詩　home.catv-yokohama.ne.jp/33/k544539
- エッセイの記事、コラム、読み物一覧 | クリエイターと読者をつなぐサイト
- コミックエッセイ劇場 www.comic-essay.com/
- エッセイ | 電撃文庫公式サイト dengekibunko.jp/essay/
- 作家エッセイ 四季折々 | メディアワークス文庫公式サイト mwbunko.com/essay/
- Category:日本の随筆家 - Wikipedia
- 随筆家・エッセイストの名言 一覧 | 地球の名言
- 日本の随筆家の一覧-随筆家-作家-人名-固有名詞の種類-Weblio辞書

웹 기반 일본어 리터러시

초판1쇄 인쇄 2017년 8월 18일
초판1쇄 발행 2017년 8월 25일

지은이   천호재
펴낸이   이대현
편 집   권분옥
디자인   홍성권

펴낸곳   도서출판 역락
          주   소 서울시 서초구 동광로46길 6-6 문창빌딩 2층(우06589)
          전   화 02-3409-2058, 2060
          팩시밀리 02-3409-2059
          이 메 일 youkrack@hanmail.net
          블 로 그 http://blog.naver.com/youkrack3888
          등   록 1999년 4월 19일 제303-2002-000014호

ISBN   979-11-5686-962-7 03730

*잘못된 책은 바꿔 드립니다.
*책값은 뒤표지에 있습니다.

「이 도서의 국립중앙도서관 출판예정도서목록(CIP)은 서지정보유통지원시스템 홈페이지(http://seoji.nl.go.kr)와 국
가자료공동목록시스템(http://www.nl.go.kr/kolisnet)에서 이용하실 수 있습니다.(CIP제어번호: CIP2017020159)」